동그라미 씨의 말풍선

동그라미 씨의 말풍선

1쇄 찍은날 · 2013년 7월 29일
1쇄 펴낸날 · 2013년 8월 1일

지은이 · 홍훈표
펴낸이 · 임형오
편집 · 최지철
디자인 · 이선화
펴낸곳 · 미래문화사
등록번호 · 제1976_000013호
등록일자 · 1976년 10월 19일
주소 · 서울시 용산구 효창동 5-421 1F
전화 · 02-715-4507 / 713-6647
팩스 · 02-713-4805
전자우편 · mirae715@hanmail.net
홈페이지 · www.miraepub.co.kr
ⓒ 홍훈표 2013
ISBN 978-89-7299-418_3 13810

- 이 책은 저작권법에 따라 보호받는 저작물이므로 무단전재와 무단복제를 금지하며, 이 책 내용의 전부 또는 일부를 이용하려면 반드시 저작권자와 미래문화사의 서면 동의를 받아야 합니다.
- 잘못 만들어진 책은 바꾸어 드립니다.

동그라미씨의 말풍선

홍훈표 | 지음

미래문화사

프롤로그

SB-18호 폭발 사고로 우주를 떠돌던 동그라미 씨와 네모 씨, 벽돌 씨의 영혼. 신께서 자비를 베풀어 부활시켜주기로 했다. 도형들의 마음은 새로운 희망으로 부풀었다.

하지만 도착하고 보니 이게 웬일, 네모 씨가 동그라미 씨를 보며 외쳤다.

"너 생긴 게 왜 그래!"
"어라! 너야말로 네모나잖아!"
"넌 동그랗다고. 어라! 너는 벽돌이 되었어."

"아, 이를 어쩌나!"

동그라미 씨가 슬픔에 빠진 사이, 벽돌 씨가 주변을 돌아봤다.

"우리 해괴한 곳에 던져진 것 같아. 도대체 악기가 왜 널려 있는 거야."

투덜거리며 벽돌 씨가 기타를 집어 들다가 말했다.
"어라? 여기 뭐라고 쓰여 있는데?"
네모 씨가 달려와 벽돌 씨와 함께 글자를 읽어 내려갔다.
세상음악실.
"도대체 여기서 뭘 하라고 신은 우리를 이 모양 이 꼴로 여기에 보낸 거야."
동그라미 씨가 절망에 빠졌다. 네모 씨가 동그라미 씨를 달래며 기타를 건넸다.
"할 수 없잖아. 우리 연주나 하고 놀자."

자! 이렇게 도형의 노래가 시작된다. 각각의 파트를 알아보자.
동그라미 씨는 리드기타. 어설프고 조악한 실력이지만 굳이 그걸 하겠다고 나선다.

"이게 제일 멋지거든!"
네모 씨는 보컬. 자기 마음대로 가사를 바꿔가면서 노래 부른다.
"난 할 말은 하고 살아야 하거든."
벽돌 씨는 드럼. 딱딱 박자를 이끌어가는 게 좋단다.
"난 뭐든 내가 주도해야 성미에 맞지."

합주에 다른 캐릭터들도 많이 끼어든다. 건반, 베이스, 트럼펫, 색소폰 등 온갖 악기들을 하나씩 들고 말이다. 얘네들은 악기가 뭐냐고? 그건 앞으로 펼쳐질 노래를 '보면서' 알아가는 게 나을 거다. 조금 낯선 노래들일 테지만, 그래도 끝까지 들어주길 바란다.
쿵! 짝! 쿵! 짝! 가슴 아픈 노래일지도 모르겠다.

차 례

프롤로그
5

01
13

절망이라는 타고난 굴레

동그라미 씨의 말풍선 15
꿈을 꾸는 보헤미안 17
진실은 저 너머에 19
박애의 방법 20
도미노 장군 23
불쌍한 성냥 군 25
기억 거름망 27
삼손의 마음 30
고래의 춤 32
자신의 잣대 33
동그라미 씨가 살던 바벨 36

02
품어 볼 만한 가치

연필깎이의 애환 49
처음처럼 51
비유클리드 기하학 52
증명 불가능한 명제 54
현대의 비너스 55
인생에 기회는 몇 번 오는가? 56
불쌍한 장작 씨 58
남의 아픔 59
게임이론 60
고치는 마음 62
얼마 느린가? 63
놀이 깊숙이 65
종이컵을 깔보는 마음 68
충고의 조건 70
전문의 함정 72
취미생활 74
시간의 소중함에 대하여 75
드라깨비 이야기 76

03
너무 소중해서 이 세상에 없는 것

낚는 법은 항상 같다 83
사마리아인에 찍힌 낙인 86
방언의 달인 88
실수였는데 90
간접세와 직접세 93
비극의 주인공 95
햄릿과의 대화 97
자선음악회 99
추억의 그림자 101
등록금 마련 법 104
분배 정의 108
작가의 덫 109
마지막 로맨티스트 112
죽은 자는 말이 없다 115

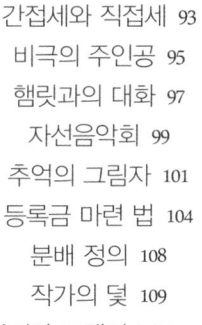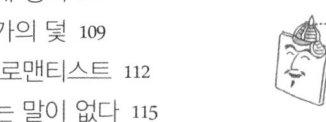

04
119
소통과 교류의 위대함

천국의 방 121
미분양 사태 124
다시 주어진 삶 129
답이 나오는 식당 130
질문이 나오는 식당 133
메아리치기 135
해석의 방법 138
가이드북 139
수다 142
겸손의 늪 146
진실한 결혼식 148
커피쟁이 논쟁 149
파워 이데올로기 151
진실을 밝히는 용기 153
두 개의 질문 155
사춘기 157
1% 부족의 문제 159
타산지석의 의미 162
나쁜 습관 164
한계효용 체감의 법칙 166
결혼의 기원 168

05
171
욕망과 의무 사이의 간극

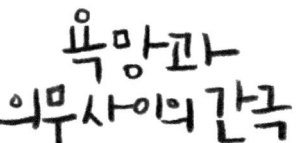

인간의 욕망은 무한한가? 173
자유의 무게 177
질투의 역사 181
특실 선택의 오류 187
삶의 투쟁 188
술버릇 190
열정의 필요 193
역사를 배우는 방법 194
엔트로피 가속기 195
발전의 원칙 197
권리란 무엇인가? 199
대홍수 202
동굴의 비유 205

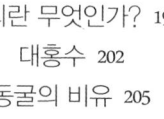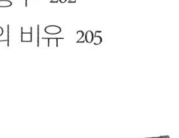

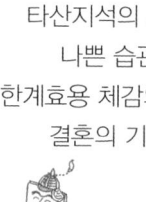

06
어디엔가 있을 희망

207

기대수명과 평균수명 209
네트워크 정치학 211
최고 엘리트 클럽 218
메시아의 목소리 219
감사의 행방 221
짊어져야 하는 것 225
교훈 적용법 226
희망을 바라볼 자격 227
여행의 의미 228
어느 알바트로스의 추락 233
도미노 황제의 죽음 236
SB-18호의 최후 240

에 필 로 그

245

01

절망이라는
타고난 굴레

14 - 45

-
행복으로 가는 고속도로가 있다면
곳곳에 사고차량 투성이겠지 🌸

동그라미 씨의 말풍선

만화가는 짜증이 확 밀려오는 것을 이번만큼은 도저히 참을 수 없었다. 들고 있던 4B연필을 확 집어 던지며 외쳤다.
"자꾸 그럴래? 동그라미! 그만 하라니까!"
그러나 동그라미 씨는 지칠 기미가 안 보였다.
"오! 나의 해바라기와도 같이 아름다운 사랑, 비록 청초하게도 맑은 그대가 아무리 괴롭고 지치는 지옥과도 같은 상황에 있더라도 내 결코 그대를 버리지 않을 것이오. 이는 약속입니다. 이 천금의 동전보다도 더 무거운 약속을 믿는다면 이제 힘들 때마다 항상 나를 생각하며 기운을 차리고. 주저리주저리."
만화가가 동그라미 씨에게 배정한 말풍선은 어느덧 꽉 차버렸다. 그런데도 동그라미 씨의 말은 그칠 줄 모르는 것 같았다.
이유인즉슨, 만화가가 그리고 있는 로맨틱 만화의 주요 캐릭터인 동그라미 씨는 말이 너무나도 많은 인물이었다. 만화가가 아무리 달래고 설득해도 그의 말은 도무지 그치지 않았다. 어떨 때는 A4용지 한쪽 전체가 그의 말로 가득 차버릴 때도 있었다. 결국 만화가는 분노했다.

"이봐! 동그라미! 왜 자꾸 말풍선에 들어갈 대사량 오버하는 거야!"

한참 다른 말을 늘어놓던 동그라미 씨가 만화가를 쳐다보며 새로이 말했다.

"제 마음은 왠지 하고픈 말로 가득 차 있어서 이것을 다 풀어놓지 않으면 넘치고 흘러서 괴로움으로 가득 찹니다. 그러므로 그것들을 다 풀어놓아야 하고 따라서. 주저리주저리."

"그 말을 다 담을 만큼 자네의 마음을 키운 다음 내 만화에 출연하도록 하게."

말을 마친 만화가가 갑자기 일어서서 지금까지 그려온 종이들을 모았다. 그리곤 옥상에서 다 태우기 시작했다. 동그라미 씨의 얼굴이 까맣게 물들어 공포에 찬 외마디를 질렀지만 이미 때늦은 일이었다.

꿈을 꾸는 보헤미안

"우리들은 결코 돈에 연연하지 않습니다. 오히려 물질만능주의 사회를 경멸하지요. 우리들은 사색과 공존의 가치 속에서 조화롭게 살아가고자 합니다. 생산 활동은 최소한으로 합니다."

재벌 벽돌 씨에게 동그라미 씨가 말했다.

동그라미 씨는 자칭 보헤미안이었다. 자본주의의 가치를 거부하고 자연 속에서 소박하게 살아가며 예술과 낭만을 사랑하는 사람들이다. 역사적으로 가장 유명한 보헤미안 중 하나인 소로우는 《월든》에서 자연 속 삶의 아름다움을 설파한 바 있다. 세상에 인정받지 못하고 18살에 자살한 한 시인이 보헤미안들에겐 이상적인 삶의 방향이었다.

벽돌 씨가 말했다.

"정말 멋지군요. 비록 우리 자본가들이 물질만능주의에 빠져 살아간다지만 항상 불안한 것은 사실입니다. 가진 것을 모두 잃거나 줄어들까 봐 공포의 삶을 살고 있죠. 그러하기에 우리 인간들은 근본적으로 당신 같은 자유로운 보헤미안을 동경하는 경향이 있을지도 모릅니다."

"그렇죠. 우리 인간의 본성은 결코 물질숭배주의자가 아닙니다. 사색과 고민, 자아성찰을 통해 소유욕으로부터 완전히 벗어난 자유인을 추구하지요."

"정말 존경스럽습니다."

벽돌 씨가 동그라미 씨에게 진정한 존경의 표시를 보냈다. 그러자 동그라미 씨가 불쑥 물었다.

"고맙습니다. 그럼 지원금은 얼마나 주실 겁니까?"

진실은 저 너머에

동그라미 씨가 가만히 앉아있는데 네모 씨의 칭찬이다.
"너는 참 동그랗구나. 서글서글해서 좋아 보인다."
그런데 옆에 있던 벽돌 씨가 시비를 걸었다.
"아니, 내 눈에는 전혀 동그랗게 보이지 않아. 오히려 쭈글쭈글해 보이는 걸?"
네모 씨가 어이없어하자 벽돌 씨가 다시 말을 이었다.
"동그라미가 동그랗고 동그랗지 않은 건 입장에 따라 다를 수 있어. 결국 중요한 건 모두에게 어떻게 보이느냐 하는 거지. 중요한 건 우리 관점이라는 얘기야. 진실은 저 너머에 있는 거라네."

사실 동그랗던 동그라미 씨는 억울할 뿐이었다.

박애의 방법

네모 씨가 말했다.

"결코 현실을 떠나서 이상을 논하지 말게. 사람은 땅에서 살아가는 존재야. 땅을 잊은 채 하늘만을 바라보고 살다간 결국 터전을 잃고 말 거야. 체 게바라가 말했지. 리얼리스트가 되어라. 그러나 가슴 속에는 불가능한 꿈을 가져라."

동그라미 씨가 갸우뚱거렸다.

"불가능한 꿈?"

"그래, 그것이 바로 모두의 이상이야. 자유, 평등, 박애. 그런 게 흔히 말하는 이상 아닌가? 그러나 현실에 기반을 두지 않은 꿈은 그냥 사상누각일 뿐이야. 일장춘몽이지. 그래서 리얼리스트가 되어야 한다는 거야."

"그렇군."

"니체는 아예 하늘을 부정했지. 신이 죽었다고까지 말한 자 아닌가? 그는 철저히 땅을 직시하고, 욕망을 긍정했어. 그가 옳든 그르든, 나는 이 부분만은 주목해야 한다고 생각해. 현실을 직시하며 꿈을 논해야 한다는 점 말이네."

동그라미 씨가 말을 다 듣고는 고개를 끄덕였다.

"그래, 난 너 말대로 박애주의자가 되겠어. 물론 결코 현실을 잊지 않을 거야. 땅에서 살아가는 인간을 사랑하는 박애주의자가 되겠어."

그렇게 다짐하고는 군중 앞에 연설하러 나섰다.

"여러분, 우리는 모두가 모두를 사랑해야 합니다. 그것이 바로 인류의 최고 이상이며 가치입니다. 신을 사랑할 필요도 없고, 자연을 사랑할 필요도 없습니다. 인간이 사랑해야 하는 것은 바로 인간이며, 그러한 미덕에 기초할 때 자연히 신도, 자연도 사랑할 수 있습니다. 그것이 현실에 충실한 것이며, 미래를 대비하는 지름길입니다."

동그라미 씨가 힘차게 말하고 있는데 거지가 된 성냥 군이 다가와 물었다.

"저기, 동그라미 씨. 제가 지금 당장 굶어 죽게 생겼는데 적선 한 푼만 해 주시면 안 될까요?"

"저리 가 버려! 이 지저분한 거지 같으니. 난 지금 인류의 박애를 위한 정말 중요한 연설을 하고 있단 말이야. 너 같은 놈 때문에 연설이 중단되잖아."

동그라미 씨가 휘휘 손을 저으며 성냥 군을 쫓아냈다. 성냥 군이 재차 손을 모아 빌었다.

"제발, 사랑을 베풀어주세요."

"저리 가라니까! 방해하지 말고! 난 지금 인류의 박애를 얘기 중이란 말이야."

도미노 장군

도미노 장군의 지휘 하에 패들은 일사분란하게 움직였다.
"영차! 영차!"
패들의 대장인 벽돌 중위는 부하 패들을 완벽하게 통제하고 있었다.
안타깝게도 동그라미 일병은 예외였다. 다른 동료 패들은 전부 네모나게 생겨서 벽돌 중위의 명령에 쉽게 따를 수 있었지만 동그라미 일병은 그 생김새가 동글동글하여 벽돌 중위가 명령한 곳에 멈춰 있을 수가 없었다. 열심히 노력하여 지시된 곳에 가면 그는 데구루루 구르면서 옆쪽으로 옮겨가 버렸다. 도무지 방법이 없었다.

벽돌 중위가 결국 짜증을 벌컥 냈다.
"동그라미일병! 당장 저기 가서 얼차려 실시!"
그리곤 동그라미 씨의 자리를 다른 패로 메워버렸다. 동그라미 일병은 울먹울먹하며 다른 곳으로 가서 기합을 받기 시작했다. 그런데 그 기합 받는 풍경이 또 어떤지! 뭘 해도 여기저기 굴러다니니 뭐가 될 리가 있나!
"쓸모없는 녀석! 저리 멀리 떨어져 있어!"

벽돌 중위가 또 화를 내고 동그라미 씨를 멀리 쫓아버렸다. 어두운 그늘이었다. 이따가 영창에 들어갈 수도 있었다.

이윽고 벽돌 중위가 위치를 잡고는 도미노 장군에게 보고했다.
"장군님! 다 됐습니다!"
나이가 많아 보이지 않는 도미노 장군이 그 말을 듣곤 고개를 끄덕였다. 그리고 벽돌 중위를 검지 손가락으로 툭 쳐서 쓰러뜨렸다. 벽돌이 쓰러지면서 뒤의 패 병사들이 우르르 쓰러지기 시작했다.
모두가 쓰러지자마자 도미노 장군이 뒤를 돌아보며 말했다.
"엄마! 나 이거 그만 할래!"
도미노 장군의 엄마가 다가왔다. 잠시 후 벽돌 중위를 포함한 패들은 빗자루로 쓰레받기에 실려 웬 박스 안에 담겼다.

불쌍한 성냥 군

성냥군의 존재 목적은 불을 붙이는 것이었다. 그는 이를 위해 자기 한 몸 희생할 각오가 얼마든지 있었다. 세상을 조금이라도 밝힐 수만 있다면 아니, 하다못해 담뱃불이라도 붙이는 데 도움이 된다면 그것으로 만족할 수 있었다.

네모 씨가 물었다.
"자네의 희생이 너무나 큰데? 그 정도로 만족할 수 있겠나?"
성냥 군이 대답했다.
"어차피 죽음을 향해 달려가는 것이 인생 아닌가? 그렇다면 살면서 무엇을 이루든 다 무의미할 뿐이지. 어차피 죽을 테니 말이야. 하지만 이왕 죽을 것이라면 난 조금이라도 공동체에 보탬이 되고 싶어. 그렇게 죽는 게 멋지지 않겠나?"
"자네 말대로라면 멋지게 죽어도 무의미한 건 변함이 없는데?"
"나는 멋지게 죽어야만 한다고 발버둥치는 게 아니야. 발버둥은 허무의 지름길이지."
"그렇다면 자네는?"

"나는 오히려 필연적으로 다가올 죽음을 그 존재 자체로 받아들이고 싶어. 삶을 받아들이듯 말이야. 이해가 가나? 난 불사르기 위해 태어났기에 불사르며 죽겠단 거야."

성냥 군이 뿌듯해진 마음으로 말했다. 삶을 위해 얼마든지 죽을 준비가 된 성냥군의 진심이 다른 도형들에게도 전해졌다.

옆에서 가만히 듣고 있던 동그라미 씨가 감동하며 말했다.

"무슨 말인지 잘 모르겠지만 어쨌든 성냥, 너는 멋진 것 같아."

그 때였다. 도미노 장군이 나타났다. 그가 성냥 군을 집어 들었다. 그리곤 귀를 후비다가 실수로 그만 뚝 부러뜨렸다. 말을 유창하게 하던 성냥군은 그렇게 죽었다.

기억 거름망

동그라미 씨가 하늘을 보며 길을 걷다가 거울공주와 부딪혀 서로 넘어졌다.
"어이쿠, 죄송합니다. 어디 다치신 데는 없으세요?"
동그라미 씨는 급하게 사과했지만, 거울공주는 동그라미 씨를 가만히 째려보고는 제 갈 길을 갔다. 이를 바라보던 동그라미 씨가 생각했다.
'내가 마음에 들어서 일부러 부딪힌 건지도 몰라. 말을 한 번 걸어 볼까?'
용기를 내서 뒤로 돌아섰는데 거울공주가 침을 퉤 뱉고 있었다.
"에이, 재수 없어. 옷도 더러워졌네."

그날 저녁, 동그라미 씨가 네모 씨에게 자랑 섞어 말했다.
"난 분명히 거울공주가 나한테 미소 지었다고 생각하는데."
"똑같은 사건이라도 서로 다르게 기억하는 건 당연한 거야. 똑같이 너희 둘은 부딪혔지. 너는 그것을 좋게 기억하지만 거울공주는 아마 굉장히 불쾌하겠지. 역사학자 카도 역사는 학자의 주관적 선택으로 만들어지는 거라고 했어."

"역사는 너무 거창하잖아. 난 내 기억을 말하는 거라고."

"다 마찬가지야. 어차피 사람들은 같은 일을 겪어도 그것을 받아들이는 필터 자체가 달라. 나한테도 비슷한 일이 있었어. 내 말을 들어 봐."

네모 씨가 자기 사연을 털어놨다. 네모 씨가 어릴 때 일이란다. 옆 짝꿍과 가위바위보 게임을 해서 100원을 딴 적이 있었는데 10년 후 재회한 짝꿍이 이렇게 말했다는 것이다.

"그 때 내가 도와줬지. 너희 집 꽤 어려웠잖아."

가위바위보 게임이란 건 아예 잊고 있었다. 네모 씨가 얘기를 마치곤 한탄했다.

"자기 기억하고 싶은 것만 기억하고, 남기고 싶은 것만 남겨. 심지어 없던 사실을 만들어 내기까지 한다고. 우리 집은 어렵지 않았거든."

"아냐, 이 나쁜 친구야. 분명 거울공주는 나한테 미소 지었어. 호감에 가득 찬 눈빛이었어!"

동그라미 씨가 도리어 화를 냈다.

삼손의 마음

"참 슬프다. 왜 하느님은 삼손의 힘을 머리카락에 준 걸까? 이스라엘을 구할 영웅이 머리카락 잘려서 포로가 된다는 게 너무나 안타까워. 아, 사랑이란!"

동그라미 씨가 성경을 읽다가 문득 네모 씨에게 물었다. 네모 씨가 잠깐 생각했다.

"정말 그러네. 웬일로 동그라미가 예리한 지적을 했어. 삼손의 힘은 머리카락에서 나온 게 아닌지도 몰라."

"그게 무슨 소리야?"

"삼손은 데릴라Delilah를 구하려 한 게 아닐까? 자꾸 물어보니까 귀찮아서 그냥 '머리카락에서 힘이 나와'라고 대충 대답한 거지. 근데 난데없이 데릴라가 배신을 한 거야. 꿈에도 상상 못 했을 거야. 삼손의 마음이 어땠을까? 자기가 살겠다고 하면 데릴라가 대신 죽을 테니 말이지. 스파이가 거짓 정보를 알아왔으니 처형당할 일이야. 삼손은 그게 견딜 수 없었을지도 몰라. 그래서 그냥 힘이 빠진 척 저항을 포기했는지도. 아, 사랑이란!"

네모 씨는 말을 마치자 장엄한 기분이 들어 처연히 하늘을 올려다보았다. 옆에 있던 동그라미 씨는 영문도 모르고 '네모가 뭘 보지?' 생각하며 역시 하늘을 바라봤다.

고래의 춤

"칭찬은 고래도 춤추게 한다는군. 남을 칭찬해주는 건 좋은 일이야. 자신감을 불어넣어주거든."

네모 씨의 말을 들은 동그라미 씨가 고래를 칭찬해주기로 마음먹었다. 수족관에 가서 고래를 칭찬했다. 이윽고 고래는 신이 나서 춤추기 시작했다. 여기까지는 좋았는데 고래는 너무 거대했다. 그 덩치로 격한 춤을 추다가 수족관 유리벽에 강하게 부딪히자 유리가 펑하고 깨져버렸다. 고래는 유리조각에 폐를 찔려 죽어버렸고, 수족관은 망했다.

자신의 잣대

프로크루스테스는 길 가던 사람을 붙잡아다가 자신의 침대에 묶어 놓는다. 다리가 침대보다 길면 잘라버리고, 침대가 남으면 온몸을 늘려 죽여 버리는 유명한 악당이었다.

프로크루스테스의 이번 재물은 동그라미 씨가 됐다. 하늘을 보며 걷다가 불시에 붙잡혔다.
그가 동그라미 씨를 침대에 묶자 불쌍한 동그라미 씨가 외쳤다. 프로크루스테스의 소문을 익히 들어온 터였다.
"제발 죽이지 마세요!"
프로크루스테스는 개의치 않았다. 튼튼한 노끈으로 동그라미 씨를 꽁꽁 묶어놓고 길이를 재기 시작했다. 역시 키 작은 동그라미 씨는 침대보다 작았다. 프로크루스테스가 회심의 미소를 짓고 몸을 늘리기 시작했다.
"쑤욱!"
몸을 늘리자 이상한 소리가 들렸다. 동그라미 씨의 몸이 늘어난 것이다. 늘어났다기보다는 동그라미 씨의 좌우가 찌그러져 타원형이 되었다고 보는 게 맞다. 프로크루스테스의 얼굴에 붉으락푸르락 화가 깃들었다.

"이 놈, 뭐야?"

그가 동그라미 씨를 더 늘렸다. 다시 쑤욱 소리가 나면서 동그라미 씨가 더 길어졌다. 침대보다도 길어져 버렸다. 프로크루스테스가 말했다.

"이제 침대보다 길군."
그렇게 말하고 톱을 꺼냈다. 톱을 본 동그라미 씨가 벌벌 떨기 시작했다. 겁에 질린 그의 온 몸이 움츠러들었다. 키가 다시 줄어서 침대에 딱 맞아버렸다.

프로크루스테스가 말했다.
"너 같은 놈은 처음이군. 내 잣대에 마음대로 맞추다니."
"전 항상 당신에게 맞춰드릴 자신이 있어요! 그러니 절 살려주실 거죠?"
"아니, 넌 줏대가 없으니 나한테 맞는 게 아니지."
말을 마친 프로크루스테스가 톱을 들고 서서히 동그라미 씨에게 다가왔다.

동그라미 씨가 살던 바벨

바벨의 지배자 도미노 장군. 풍요 속의 빈곤을 절감하고 사는 인물이다. 타고르 우화 중 '모든 것이 생각하는 대로 이루어지는 곳'에 대한 이야기가 있다. 여기에 떨어진 한 인물이 자신의 소원이 모두 이루어지는 것에 지쳐서(?) "여기가 어느 천국이요?"라고 물었다. 그런데 천사가 "여기가 천국인 줄 알았소? 여긴 지옥이오."라고 했다는 것이다.

일반 서민들은 도무지 이해 못 할 이 심오한 고통을 도미노 장군 역시 겪고 있었다. 결국, 그는 무료함을 이겨내는 방법은 신이 되는 길뿐이라는 결론에 도달했다. 그리고 신이 되겠노라고 선언했다.

"내가 신이 되는 방법을 당장 알아오라."

이 말 하나로 사방 천지에서 온갖 방법들이 올라왔다. 채택되면 큰 상을 준다는 게 한 몫 했을 것이다. 결국 채택된 것은 바로 '하늘에 닿는 탑'을 쌓으면 된다는 것이었다.

이 의견은 '입찰 비리가 있다'는 의혹을 샀다. 시대를 막론하고 거대 토목 공사는 부지 매입, 철거 비리, 자재 납품 등과 얽혀 비리의 온상이 되곤 했다. 게다가 입안자가 건축 자재업자였다! 건축 자재업자의 이름은 '강태공'이라는 자였는데, 이 사람은 낚는 재주가 워낙 뛰어났다. 그는 도미노 장군을 낚는 데 성공해 큰돈을 만졌다. 도미노 장군은 '신이 되겠다.'는 일념뿐이었으므로 앞뒤 상황을 재 보기엔 시야가 막혀 있었다.

 아무튼 도미노 장군의 명령 이후 전국적 동원 명령이 내려졌다. 만리장성을 쌓든, 피라미드를 쌓든, 원형경기장을 쌓든 만만한 민초들은 동원 당하는 게 그들의 운명이려니 하고 또 순순히 소집에 응하는 것이다. 또 어려운 시절에 부역賦役이라도 하면 밥이라도 먹을 수 있으니 그게 나은 것인지도 몰랐다.

 그래서 '아빠, 가지 마!' 하고 울어대는 작은 딸의 울부짖음이나 '대신 제가 가겠습니다.'라는 큰 아들의 효심어린 희생 같은 건 없다. 서로 가겠다고 민초들은 나섰다. 그렇게 모인 인원만 10만 명! 동그라미 씨와 네모 씨, 벽돌 씨 일당도 그 안에 포함되어 있었다.

 처음에는 조組(팀)라는 게 없었다. 비효율적으로 모든 인원을 한꺼번에 지반 평탄화 공사, 축대 공사 등에 억지로 몰아넣었다. 독자들은 2:8의 파레토법칙을 아실 거다. 어떤 집단이든 20%만 열심히 일하고 나머지는 열심히 놀아댄다는 법칙이다.

 그런데 이 법칙이 바벨탑 공사 현장에서는 전혀 지켜지지 않았다!

왜냐하면 2만 명이 한꺼번에 일하기에는 공사장이 너무 좁았기 때문이다. 결국 도미노 장군은 분업을 도입하여 수차례 시행착오 끝에 10만 명을 20개 조組로 나누는데 성공했다. 거기에다 또 하나의 획기적 개념인 '경쟁'을 도입했다. 여기에는 벽돌 씨의 간언諫言이 한 몫 했다.

현장을 시찰하던 도미노 장군이 "이제 20개 조로 너희들을 나눌 테니까 그런 줄 알라."라고 통보한 차에 재빨리 벽돌 씨가 나선 것이다.

"너무 좋은 생각이옵니다. 거기에 제가 감히 한 말씀 더 드리고자 합니다."

"그래, 무엇이냐? 본인은 관대하니 무엇이든 말하라."

"20개 조를 나누면 당연히 각 조가 할 일이 따로따로 생기지 않사옵니까?"

"그러하다."

"그러면 일을 빨리 마친 조한테 상(인센티브)을 주는 거죠. 그러면 하늘에 닿는 탑도 금방 지을 수 있지 않겠습니까?"

도미노 장군이 말했다.

"그러지 말고, 일을 늦게 마친 조한테 벌을 주면 되잖아."

"그건 아니 되옵니다. 오히려 의욕이 저하됩니다."

벽돌 씨의 보상 아이디어는 즉시 채택되었다. 벽돌 씨는 아이디어 입안자로서 당당히 3조 조장으로 임명됐고 장군에게서 자재 운반 임

무를 따냈다. 20개 조는 각각 탑 건축에 필요한 업무들을 분담해 일을 진행했는데 '하늘에 닿는 탑'을 쌓기 위한 막대한 양의 자재 운송 전부를 벽돌 씨가 얻은 것이었다.

'이것은 인생에 몇 번 안 찾아오는 기회다!'

당시만 해도 기차나 선박 등이 없었기 때문에 운송은 무척 힘든 일이었다. 심지어 바퀴도 발명되지 않았을 때였다. 그래서 다른 조들은 꺼렸지만 벽돌 씨는 자재공급자인 강태공과 이익의 반을 나눈다는 조건으로 독점운반권을 얻었다. 3조의 일은 늘어 고생이 이만 저만이 아니었지만 실적은 가장 높았다.

다른 조들도 각자 조장을 뽑고, 십장들이 나와서 작업에 열중하고 있었다. 도미노 장군이 내건 포상은 꽤 거창한 것들이라 민초들은 포상을 얻기 위해 경쟁이 치열했다.

경쟁의 순기능이라 하면 당연히 작업 효율의 증대, 제품 품질의 향상 등이 있다. 그러나 이는 자유시장이 제대로 기능할 때 얘기다.

벽돌 씨가 이끄는 3조는 실적이 높은 조에게는 운송을 미루고 낮은 조에게는 운송를 빨리하면서 실적을 맘대로 조율했다. 때론 조장에게 뒷돈을 받으면 더 많은 자재를 보내서 실적을 올릴 수 있도록 특혜를 주기도 했다. 시간이 지나자 실적은 소수에 편중되었고 쟁점화되기에 이르렀다.

"저 3조 애들은 1등 후보가 되면 안 되는 거 아냐? 저 자들이 골고루 일감을 가져다줘야 우리가 일할 수 있는데 저들에게 잘 보여야 일감을 받을 수 있으니 정당하게 1등을 하고 싶어도 할 수 없잖아."

"이래서는 불합리합니다. 운송 업무를 3조가 독점하면서 부당이득을 취하고 있습니다."

탄원이 빗발쳤으나 벽돌 씨가 억울하다며 부인하고 강태공이 이를 뒷받침해 줌으로써 도미노 장군은 탄원을 기각했다. 결국 3조 조장인 벽돌 씨를 뺀 나머지 조장들이 모여 회의를 한 끝에 총파업을 결정했다. 벽돌 씨는 친한 조장들에게 뒷돈과 회유를 통해 총 파업을 와해시켰다. 한편, 강태공은 파업을 주도하는 조장들을 도미노장군의 업적을 기리는 일에 반대한다며 역모로 몰아 죽였다. 파업은 없던 일이 되어 남은 포상자리를 놓고 경쟁은 더 심해졌고 벽돌 씨와 강태공은 이득을 더 늘려갈 수 있었다. 극도의 노동 강도를 이겨내고 치열하게 경쟁하던 인부들은 이제 이기기 위해서는 수단과 방법을 가리지 않고 있었다. 예를 들어 동쪽 면을 짓던 17조 공사의 기초 지지대에 소속을 알 수 없는 누군가가 톱질을 해대는 수준까지 온 것이다. 지지대가 무너지니 기껏 궁색하게 5층까지라도 지어놓은 동쪽 면이 무너져 내렸다. 이 사건 이후 서로 간에 공사 방해는 점점 심해지고, 사상자도 생겨났다. 20개 각 조끼리의 경쟁이 이제 서로 갉아 먹기 차원으로 번지고 있는 것이었다.

조금 힘들기는 했지만, 밥도 잘 나오고 잠도 푹 자는 편이었던 바벨탑 건설 현장. 이제 서로 적이 되어 전쟁에 가까운 경쟁 때문에 현장은 언제 죽을지도 모르는 극한의 환경이 되어버렸다.

　모두의 입에서 불평불만이 끊이지 않았다.

　"왜 이렇게 여기 일은 힘들어! 정말 도미노 장군은 너무 하는군!"

　노동 환경을 이렇게 만든 것이 바로 자신들이라는 것은 전혀 모르고 있었다.

　'각 조의 각 조에 대한 투쟁 상태'가 되고 얼마 지나지 않아 전체 실적의 50%를 감당하고 있는 3조에서 극심한 노동 강도를 못 이겨 다수의 자살자가 생겨나면서 국면전환의 단초가 되었다. 실적이 높은 3조에서 자살자가 나타난 이유를 조사하던 중 내부고발자가 양심선언을 하며 강태공과 벽돌 씨의 담합 계약서를 공개해버린 것이다. 이 사건은 나머지 조 사람들을 충격에 빠뜨려 총파업을 결의하고 도미노장군에게 진상을 밝혀달라는 탄원서를 공식적으로 전달하기에 이른다. 엎친 데 덮친 격으로 강태공의 입찰비리도 밝혀졌다. 그가 역모로 몰아넣었던 조장들의 복권운동도 일어났다. 도미노장군은 공사를 재개하기 위해 조사를 할 수밖에 없었고 마침내 진실이 밝혀져 강태공은 사업체를 몰수당하고 국외 추방되었다. 담합을 제의했던 벽돌 씨는 구속된다. 벽돌 씨의 뒤를 이어 총파업을 결의하는데 결정적 역할을 한 현명하고 고지식한 네모 씨가 3조 조장을 이어받았다. 상습 싸움꾼들이 검거되고, 무기들이 압수되었다. 패거리 싸움이 금지

되고, 이제는 선의의 경쟁을 위해 불법을 엄단하는 공정거래법이 실시되었다.

"인간이란 존재는 자율에만 맡긴다면 이기심으로 일을 그르치는 존재인지도 모르겠다."

네모 씨의 자조 섞인 독백이었다.

그러자 새로운 풍토가 생겨나기 시작했다. 자재 운송은 각 조가 돌아가면서 하게 됐고 3조의 50%의 실적은 10%만 인정되었다. 갑자기 40%의 가능성이 생기자 다른 조들보다 많은 실적을 차지하겠다는 욕심에 각 조 구성원들만 알 수 있는 약속을 하기 시작한 것이다. 이게 무슨 말인고 하니, 아무리 업무 파트가 분산되어 있다고 해도 비슷한 게 있기 마련이다. 가령, 서쪽 축대를 쌓는 것이나 북, 동, 남쪽 축대를 쌓는 것이 노동 요령이 크게 다르지는 않다. 이런 가운데 남쪽 축대를 쌓던 12조에서 아주 획기적인 도구인 '바퀴'라는 것을 발명한 것이다. 그러나 12조 조원들은 그 방법을 다른 조들과는 공유하고 싶지 않다. 자기가 더 빨라야 하니까! 그래서 이들은 다들 쓰는 말인 '바퀴' 대신에 '서클'이라는 말을 자기들끼리 사용하는 것이다. 결속력을 강화하고 다른 조직과 확실한 차이를 두며, 경쟁력을 강화하는 은어가 이렇게 발생했다. 이게 어찌 12조만의 일이랴. 1조에서도, 4조에서도, 8조에서도, 18조에서도 자기들 나름대로의 노동 요령을 찾아놓고는 이를 공유하지 않고 은어로 바꿔 부르며 자기들끼리만 공유했다.

자연스레 스파이들이 생겨났다. 암호해독을 잘 하는 사람들을 뽑아서 다른 조들의 은어를 해석하기 시작한 것이었다. 일이 이렇게까지 되자 어떤 조는 아예 문법을 바꾸기 시작했다. '나는 인부입니다.'라는 말을 '나, am, 인부', 이런 식이었다.

그렇게 22년이 흘렀다. 각 조가 맡은 모든 작업이 끝나는 시간이 되었다. 각자들 정말 열심히 했다. 그랬는데도 각 부분이 거의 비슷한 시기에 끝나갔다.

이제 모두가 화합해야 하는 시기가 왔다. 동서남북에 각기 쌓아놓은 벽들을 하나로 모아서 저 높은 하늘에 닿으면 되는 시기. 그간 기울여온 모든 노력을 보상받을 시기가 온 것이다. 이 때 모두의 촉각은 바벨탑의 완성 따위에는 전혀 쏠려 있지 않았다. 오히려 과연 어느 조가 포상을 받게 되느냐에 쏠려 있었다. 그것 때문에 열심히 일한 것이니까.

그런데 막상 도미노 장군은 웬일인지 모르겠지만 이렇게 생각하는 것이었다. 사람이 성격이 바뀌면 금방 죽는다던데.

'내가 신이 되기 직전이구나. 까짓, 지금까지 열심히 일한 모두에게 포상을 내려야겠다. 신까지 됐는데 더 관대해져야겠어.'

어차피 자신은 현실세계에서 떠날 테니 '재산 따위야.'라고 계산했는지도 모르지만 말이다.

"정말 수고들 했다. 고맙다. 차별을 두지 않고 모두에게 포상을 내리겠다."

"와!"하는 환호성이 모든 조에서 울려 퍼졌다. 실로 대공사 22년만의 합심이었다.

"고마우신 군주다. 도미노 장군 만세! 만세! 만만세!"

인부들이 이때만큼은 모두들 진심으로 도미노 장군을 축복했다.

"자, 모두들 빨리 마무리하고 놀러 가자고!"

몸이 달은 인부들이 탑 완공을 향해 무리하기 시작했다.

25년 일장춘몽의 결론은 이렇다. 각자의 말만 쓰던 조들은 이제는 다른 조들과 전혀 의사소통이 안 되었다. 도저히 상대방 말을 이해할 수 없었다. 동서남북의 벽들을 하나로 모아야 하는데 어떤 조는 '왼쪽으로 가'라고 외치는데 다른 조는 그 말을 이해 못했다. 그들은 오로지 'Go to the left side'라는 말만 아니까.

쿵쾅거리며 탑 조각들은 부딪쳐서 깨져나갔다. 와르르 무너지는 탑들의 무더기처럼 도미노 장군의 오랜 꿈도 같은 운명을 맞았다.

이제 일은 돌이킬 수가 없게 되었다. 분노한 도미노 장군이 명령했다.

"모두 죽여 버려!"

명령이 떨어지자마자 도미노 특수부대가 칼을 뽑아들었다.

끔찍한 대학살을 피하기 위해 전 세계로 흩어진 각 조들은 서로 전혀 다른 언어를 사용하는 부류가 되었다. 한 때 '조組'라고 분류 되었던 그들은 이제 '민족'이라는 말로 불리게 되었다. 세계화와 인류의 평화에 있어 치명적 방해가 된 이 비극을 향후 신학자들은 '신의 분노'라는 말로 해석했다.

02

품어 볼 만한 가치

48 - 79

-

"난 정말 후회 없는 삶을 살고 싶어. 그게 내 목표지."

네모 씨가 말하자 벽돌 씨가 반박했다.

"그게 과연 삶일까? 잘 생각해보길 바라네."

연필깎이의 애환

동그라미 씨가 또다시 입 안에 볼펜을 밀어 넣었다. 연필깎이가 화를 냈다.
"전 연필만 먹는다니까요!"
"이게 연필이지 뭐야!"

연필깎이는 답답했다. 그러나 도무지 동그라미 씨와는 말이 통하지 않았다.
 환경오염으로 인해 모든 나무가 사라진 지도 벌써 20년. 그래도 억척스런 인류는 어떻게든 살아남아 생존해가고 있었다. 아니, 잘 살아가고 있었다. 합성플라스틱은 참 훌륭했다.
 지난 주 목요일에 땅을 파다가, 수십 년간 파묻혀 있던 연필깎이를 발견한 동그라미 씨는 한참을 바라보았다. 포장지에는 "연필을 깎아서 다시 쓰세요."라고 쓰여 있었다.
 연필을 왜 깎는지 도무지 이해가 가지 않았다. 그럴 만도 한 것이 이 당시 연필이라는 말은 볼펜을 표현할 때 쓰는 말이었다. 연필을 만들 나무가 없었던 탓이다. 궁리하다가 무릎을 탁 치며 하는 말이 이랬다.

"아하, 수명이 다 된 연필을 여기다 넣으면 다시 잉크가 채워지나 보지?"

조금이라도 똑똑하다면 그런 생각을 하지 않았을 텐데, 동그라미 씨는 그렇게 생각했다. 동그라미 씨와 연필깎이의 싸움이 이때부터 시작됐다. 동그라미 씨는 자기 세상의 연필이 사실 볼펜이라는 것을 몰랐다. 그러니 무작정 연필깎이를 구박할 수밖에.

끝내 연필깎이가 외쳤다.

"사람에게 말을 할 때는 그 사람이 알아듣게 말을 해야 합니다. 평생을 무용만 해 온 발레리나에게 전투기 날개를 예로 들어 유체역학을 설명할 순 없잖아요! 저도 마찬가지에요. 전 연필 밖에는 도무지 아무것도 못 받아들인다고요."

동그라미 씨는 연필의 말을 듣고 고개를 갸우뚱하더니 불쌍한 상대의 입에 다시 볼펜을 들이밀었다.

"이게 바로 그 연필이라니까!"

처음처럼

어려운 과학시험이 끝난 후 답을 매기던 동그라미 씨가 머리를 쥐어짜며 괴로워했다.

"아! 처음에 3번으로 했다가 2번으로 고쳤는데. 3번이 역시 답이었어."

벽돌 씨가 놀려댔다.

"바보, 초심을 지켜야지."

비유클리드 기하학

"모든 사각형의 내각의 합은 360도"라는 소리를 들은 동그라미 씨는 친구인 네모씨도 과연 그런지 검토해보기로 했다.

"네모, 이리 와 봐."

동그라미 씨가 직접 각도기를 들고 네모의 몸 구석구석을 재고는 그 결과들을 더했다. 그런데 이게 웬 일인가! 360도보다 약간 큰 것이었다. 몇 번을 재도 마찬가지였다. 동그라미 씨가 우헤헤 웃으며 네모 씨를 놀렸다.

"너는 짝퉁이구나!"

네모 씨가 한숨을 쉬며 말했다.

"우리는 지구라는 커다란 공위에 사니까 약간씩 구부러져 있어. 그러다 보니 모서리들이 조금씩 벌어져서 내각들이 약간씩 더 커지는 거지! 비유클리드 기하학의 기본 원리야."

동그라미 씨가 아직도 잘 모르겠다는 투로 고개를 갸우뚱거리며 말했다.

"그럼 너는 짝퉁이 아니란 거야?"

약간 짜증을 내며 네모 씨가 내뱉었다.

"너는 머릿속으로 정상이라는 걸 정해 놓고 거기에 안 맞는 사람들을 전부 다 비정상으로 몰아버리는구나. 하지만 생각해 봤니? 네가 찾는 '정상'이라는 건 사실 세상에 없다는 말이야."

증명 불가능한 명제

수학 책을 읽던 동그라미 씨가 네모 씨에게 질문을 던졌다.
"난 도저히 이해가 안 가. 수학자 칸토어에 따르면, 증명 불가능한 명제가 있다고 하네? 거기까지는 그렇다 쳐. 그런데 더 심한 게 뭔지 알아? 증명이 가능한지, 불가능한지조차 알 수 없는 명제가 있다는 거야. 이게 말이 돼? 세상에 그렇게 불확실한 게 있단 말이야?"
네모 씨가 잠깐 고민하고 대답했다.
"우리 주변에도 그런 건 얼마든지 있어. 너도 몇 번 겪어봤잖아."
동그라미 씨가 고개를 갸우뚱거렸다.
"그게 뭔데? 난 전혀 모르겠네?"
네모 씨의 입에 흐뭇한 미소가 보였다.
"그것은 바로 사랑이지. 아무도 정체를 알 수가 없을 거야."
동그라미씨도 이 말엔 수긍하는 듯 했다.

현대의 비너스

미술관에 간 동그라미 씨와 벽돌 씨. 먼저 고전미술 전시실로 향했다. 동그라미 씨가 미켈란젤로의 비너스 상을 바라보며 의식적으로 말했다.
"정말 아름답군."

그러나 벽돌 씨는 묵묵부답 아무런 말도 하지 않았다. 다시 둘은 여기저기 둘러보다가 현대미술 전시실로 향하게 됐다. 벌거벗은 마네킹 목에 코카콜라 캔을 걸어놓은 작품이 보였다. 유명한 팝아트 작가의 작품이었다. 벽돌 씨가 감탄하듯 말했다.
"정말 아름답군."
동그라미 씨는 묵묵부답 아무런 말도 하지 않았다.

인생에 기회는 몇 번 오는가?

동그라미 씨가 벽돌 씨와 장기를 두기 시작했다. 경기는 계속 엎치락뒤치락했는데 결국 동그라미 씨가 졌다. 동그라미 씨는 크게 좌절하면서 울음을 터트렸다. 패배로 점철된 그의 인생을 생각해 볼 때 신기한 일이었다. 만성이 될 만도 할 텐데 말이다.

벽돌 씨가 깔깔대면서 동그라미 씨를 놀려댔다. 분에 가득 찬 동그라미 씨가 변명하듯 외쳤다.

"내게는 이길 기회가 별로 없었어. 딱 3번뿐이었지. 그 기회를 잡지 못한 게 패착이야."

벽돌 씨가 의아해하면서 말했다.

"그래? 내가 볼 때 너한테 기회는 100번은 있었던 것 같은데. 내가 뜨끔뜨끔 놀란 게 그 정도니 말이야."

"그럴 리가."

"정말이야. 너 역시 인생의 수많은 기회를 놓쳐놓고선 기회가 없었다고 불평만 늘어놓는 그런 사람들 중 하나구나."

"난 정말 기회가 없었다고!"

동그라미 씨가 잔뜩 화가 나서 말했다.

불쌍한 장작 씨

활활 불타 죽고 싶다고 결의를 밝혔던 성냥 군. 도미노 장군의 귀이개로 쓰이다가 비참하게 부러져 죽었다. 이 모습을 바라본 장작 씨가 분개했다.

"내 조카를 저렇게 죽이다니. 권력자들이란 정말 못 됐군. 나는 저렇게 죽지 않겠어. 나야말로 다른 목적이 전혀 없는, 오직 불을 태우기 위한 존재니까 말이지."

그러나 이런 작은 소망조차 이뤄지지 않았다. 어느 날 장작 씨는 공장으로 끌려갔고 작은 조각들로 산산이 분해되어서 이쑤시개들이 되었다.

남의 아픔

동그라미 씨가 아팠다. 동그라미 씨가 병원에 가서 무슨 병이냐고 물었다. 의사가 몇 가지 진단을 해 보고 말했다.

"마음이 돌처럼 굳는 희귀병에 걸리셨군요. 정말 고통스러우시겠어요."

"의사 선생님도 걸리신 적이 있나요?"

"아니요. 전 아주 건강한 사람이지요."

"어떻게 저 의사는 병에 걸려보지도 않고 고통스러울 것이라고 단언할까?"

동그라미 씨가 생각했다.

게임이론

"밥 먹으러 가자."
동그라미 씨가 제안했다. 벽돌 씨가 잠시 생각하더니 대답했다.
"자네가 낼 텐가?"
"아니. 내가 왜 내?"
"그럼 더치페이로 하지 뭐. 대신 메뉴는 내가 고를게."
결국 해장국 집에 들어가는데, 동그라미 씨의 표정이 밝지 못했다. 사실 그는 짜장면이 먹고 싶었다. 그런 동그라미 씨의 표정을 보며 벽돌 씨가 말했다.

"상대의 반응을 예상해 행동전략을 취하는 걸 게임이론이라 하지."
뜬금없는 벽돌 씨의 말에 동그라미 씨의 눈이 커다래졌다.
"갑자기 그 얘기를 왜?"
"난 해장국이 먹고 싶은데 자네가 꼭 그걸 고르란 법이 없잖아. 결국 메뉴를 고를 수 있는 선택권을 쥐는 게 중요해. 그래서 나는 '자네가 살 텐가?'라고 물은 거야. 짠돌이인 자네는 밥을 사기 싫을 테니 아니라고 할 테고 난 그 대신 메뉴 선택을 할 수 있었던 거지."

동그라미 씨가 고개를 끄덕거렸다. 벽돌 씨가 말을 이어갔다.

"물론 이게 게임이론의 전부는 아니야. 불확실성의 선택에 따른 전략들은 다양하지. 상대의 행동을 확률로 예상해야 하는 경우도 있어. 그러나 어쨌든 게임이론의 핵심은 상대 행동을 예상해 자신에게 유리한 행동전략을 취하는 거지."

벽돌 씨의 말을 다 이해한 듯 동그라미 씨의 표정이 환하게 밝아졌다.

"좋았어! 이제 로또에 맞는 일만 남았군. 그것도 게임 맞지?"

고치는 마음

휴대폰이 또 고장 나서 결국 수리를 하러 간 동그라미 씨.
"벌써 몇 번째인지 모르겠어. 짜증나서 폭발할 지경이야."
그의 하소연에 네모 씨가 충고했다.
"아무리 고치고 고쳐도 끝이 없다면 어느 시점에서는 놓아주는 게 현명할 수도 있지. 그렇다고 한다면, 진정한 지혜는 그 시점이 어느 때인가를 분간하는 능력일 거야."
"무슨 말인지 대충 알겠네."
동그라미 씨가 고개를 끄덕였다.

얼마나 느린가?

"쾅!"

갑자기 동그라미 씨가 못 참겠다는 듯 모니터를 후려쳤다. 사실 그렇게 세게 칠 생각은 아니었는데 생각보다 힘이 조금 더 들어가긴 했나 보다. 순간 모니터가 흔들렸다. 동그라미 씨가 아차 싶은지 모니터를 어루만졌다. 다행히 실제로 부서지진 않은 모양이었다. 옆에 있던 네모 씨가 얼굴을 찡그렸다.

"왜, 도대체 왜 그래? 컴퓨터를 부수려고 그러나?"

"내참, 어처구니가 없어서. 부팅시간이 지난번보다 1초가 더 길어졌어. 22초나 걸렸다니까. 게다가 인터넷 접속하는 데 1.8초가 걸리더라니까. 전에는 1.2초 걸렸는데. 너무 화가 나."

네모 씨가 깜짝 놀라 물었다.

"아니, 자네는 0.6초가 느려져도 느낀단 건가? 대단한데!"

"컴퓨터가 느려졌는지, 안 느려졌는지 그 정도 차이로는 느낄 수가 없어. 나는 다만 컴퓨터 진단기에 나온 결과를 보고 하는 말이야. 정말 너무 답답하군. 0.6초나 느려지다니! 산 지 얼마 안 된 건데 이러면 곤란하다고!"

"못 느끼겠다면서?"

"그래도 진단기가 느려졌다고 하잖아!"

"아무튼 실제로는 아무 상관없지 않아?"

"이봐, 진단기가 느려졌다고 하잖아!"

동그라미 씨가 고개를 휙 돌리며 말했다. 단단히 성질이 난 게 분명했다.

놀이 깊숙이

벽돌 씨와 동그라미 씨가 장기를 두고 있었는데, 옆에서 구경하던 네모 씨가 말했다.

"옛 인도에 전쟁을 하도 좋아하던 왕이 있었지. 도탄에 빠진 백성들을 구하기 위해 지혜로운 중이 개발한 것이 바로 장기야. 덕분에 왕은 장기에 빠져서 전쟁을 안 하게 됐다지. 이게 서양으로 넘어가서 체스가 됐고, 동양으로 넘어와서 장기가 됐다는군. 너희들은 여전히 전쟁을 하고 싶은데, 막상 못 하니 그렇게 욕구 해소를 하는구나."

벽돌 씨는 그냥 고개를 끄덕거리며 인정했지만 동그라미 씨는 열이 받아서는 네모 씨를 타박했다.

"이제 장기 두는 것까지 구박할 거야?"

그러다가 결국 장기의 패배는 동그라미 씨에게 돌아갔다. 항상 그랬다.

패배한 동그라미 씨가 화를 내며 집으로 가다가 장식용으로 쓰겠다며 다보탑 모형 하나를 샀다. 네모 씨가 쫓아가며 눈치 없이 말을 이었다.

"사람이 왜 미니어처를 좋아하는지 알아? 세계를 자기 손 안에 두고 싶은데 그러질 못해서야. 그래서 로봇 장난감이며, 미니어처며, 세계지도 혹은 지구본 같은 것을 거실에 놔두고 싶어 하는 거라네. 화분을 좋아하는 것은 자연을 자기 소유로 두고 싶은 욕망이며, 동물을 키우는 것은 자연이 자기를 따르게 하려는 욕망이지."

영 틀린 말은 아닌 것도 같아서 동그라미 씨가 자기 손에 있던 다보탑 모형을 가만히 바라보며 말했다.

"너 오늘 왜 그러는 거야, 머리 아프게. 짜증난다. 영화나 보러 가야지."

영화관에서 표를 사려는데 거기까지도 쫓아온 네모 씨가 동그라미 씨에게 말했다.

"영화를 사람들이 왜 보는지 알아? 관음증이야, 영어로는 피핑톰. 남이 살아가는 모습을 들여다보며 마음속에 깊숙이 박힌 관음증을 해소시켜주는 게 바로 영화지. 그 다음이 바로 보통 사람들이 얘기하는 인간의 박애, 사랑, 좌절의 극복 등 영화의 주제가 나오는 것이라고. 시스템의 근본이 관음증이기 때문에, 그 바닥에서는 잘생긴 선남선녀들이 스타가 되는 거지."

동그라미 씨가 결국은 열이 제대로 받아서 네모 씨를 들이받았다.

"그래서 어쩌라고? 전생에 나한테 말 못해 죽은 적이라도 있는 거야? 도대체 나한테 왜 이러는 데? 나보고 아무것도 하지 말라는 거야?"

"아니, 왜 그런지는 알고 즐기라는 말이었어."

네모 씨가 배시시 웃으며 말했다. 친구끼리 진심 어린 충고를 하고 싶기는 했나 보다. 동그라미 씨가 화가 나든 말든 그는 그렇게 계속 충고를 해댔다.

종이컵을 깔보는 마음

종이컵군은 항상 통조림 군이 부러웠다. 그 튼튼한 몸매며, 재활용 되기까지 하는 놀라운 생명력이 언제나 종이컵 군을 감동시켰다.
"나도 저렇게 멋지게 살아보고 싶다."
항상 통조림 군을 동경하고 쫓아다니는 종이컵 군이었지만 통조림 군은 종이컵 군을 썩 좋아하지 않았다.
"너 같이 나무 생명만 갉아먹는 환경파괴의 주범이 난 싫어. 게다가 넌 너무 약해"

통조림군의 한 마디는 꽤 큰 상처가 되어 종이컵 군을 괴롭혔다.

마음이 아팠던 종이컵 군이 길거리에서 펑펑 우는데 길을 가던 동그라미 씨와 네모 씨가 위로의 말을 건넸다.

"왜 그렇게 우니?"

동그라미 씨가 묻자 종이컵 군이 사정을 설명했다. 동그라미 씨가 고개를 끄덕였다.

"통조림 군 말이 일리가 있는데? 너는 나쁜 존재구나."

종이컵 군이 더더욱 서럽게 울자 네모 씨는 안타까워하며 종이컵 군을 달랬다.

"저런. 통조림 군이 아주 못됐구나. 슬퍼할 필요는 없어. 그건 네 잘못이 아니라 널 잘못 사용한 사람들 잘못이야."

"제가 환경파괴에 일조하는 건 사실이잖아요."

"잘 들어. 자신의 잘못을 다른 존재에 덮어씌우는 게 바로 인간의 본성이야. 너는 그냥 사용 당할 뿐이라고."

동그라미 씨가 뒤통수를 긁으며 끼어들었다.

"네모 말도 듣고 보니 그러네. 내가 순간 잘못 생각한 것도 사실은 다 통조림 잘못이네."

네모 씨가 종이컵 군에게 말을 이어갔다.

"동그라미 행태를 보니 더욱 이해가 가지?"

그제야 종이컵 군이 울음을 조금 멈추었다.

충고의 조건

네모 씨가 또 동그라미 씨를 훈계하려 하자 웬일인지 동그라미 씨가 버럭 화를 냈다.
"너! 도대체 네가 나보다 뭐가 잘났는데 자꾸 지적 질이야?"
뜬금없는 동그라미 씨의 말에 네모 씨가 어안이 벙벙해졌다.
"그게 무슨 소린데?"

"벽돌이 그러더라. 충고는 잘난 사람이 못난 사람한테 하는 거라고. 못난 사람이 잘난 사람한테 충고할 필요는 없겠지. 즉, 넌 나보다 잘났다고 생각한다는 거야. 그런 네 태도, 너무 기분 나빠!" 네모 씨가 한숨을 푹 쉬며 대답했다.

"모든 존재는 자존심으로 사니까 나도 내가 잘났다고 생각해. 그렇지만 그런 이유로 충고하는 건 아니야."

"그럼 뭔데?"

네모 씨가 동그라미 씨를 달랬다.

"넌 동그라니까 각진 것을 모르잖아. 그러니까 난 네게 모서리를 설명해 줄 수 있지. 그런데 난 네모나니까 반지름을 모르잖아? 그건 네가 나한테 설명해 줄 수 있는 거야. 서로 부족한 걸 채워가는 이런 과정이 바로 충고란 말이야."

동그라미 씨는 여전히 이해가 안 가는 눈치였다.

전문의 함정

동그라미 씨와 네모 씨, 벽돌 씨가 다 같이 회를 먹다가 그만 다 같이 식중독에 걸렸다. 부랴부랴 119 구급차가 와서 이들을 병원 응급실로 호송했다.

응급처치를 받은 후 도형들은 모두 한 병실에 누워서 오손도손 지낼 생각이었다. 동그라미 씨가 벽돌 씨를 바라보며 해맑게 말했다.

"이왕 이렇게 됐으니 우리 장기나 열심히 두고 지내자. 재미있겠네."

입원소속이 끝나자마자 간호사가 와서 말했다.

"동그라미 씨는 3층으로 가시고요. 네모 씨는 8층, 벽돌 씨는 14층 입원실로 가세요."

네모 씨가 어이없어하며 물었다.

"아니, 다 똑같은 병으로 동시에 들어왔는데 왜 따로따로 입원을 시키세요? 우린 다 친구니까 그냥 함께 있게 해 주세요."

"안 돼요. 담당의사 분들이 다 달라서요. 불가피하게 그렇게 입원 하셔야 해요."

"똑같은 식중독인데 왜 다 다르다는 겁니까?"

"요새가 어떤 시대인 줄 모르세요? 전문화 시대 아닙니까, 전문화 시대. 같은 눈병환자라도 오른쪽 눈과 왼쪽 눈의 담당 의사가 다르단 말이에요."

간호사의 말이 끝나자 도형들이 서로 얼굴을 마주보았다. 이해할 수가 없었다.

취미생활

"여가생활을 즐길 줄 알아야 삶의 피로가 줄어든단다. 너도 하나 찾아봐."

네모 씨의 충고에 가난한 동그라미 씨가 취미를 하나 갖기로 했다.

등산을 하려니 수백만 원대의 등산장비들이 걸렸고, 낚시를 하려니 낚시장비들 역시 가격이 장난이 아니었다. 음악이라도 들을까 했더니 진공관 앰프 정도는 있어야 한다고 하고, 영화 감상을 하려 해도 집에 기본적으로 DVD 수백 장과 홈시어터를 갖춰야 했다.

낙심한 동그라미 씨가 결국 돈 안 드는 '숨쉬기 운동'을 취미로 정했다. 이 소식을 들은 벽돌 씨가 말했다.

"기본적으로 유산소 방 정도는 가줘야지. 거기 1년 회원권이 아마 3백만 원이면 될 거야."

시간의 소중함에 대하여

"시간은 금이라더군."

게임만 하며 하염없이 시간을 보내는 동그라미 씨를 보며 네모 씨가 말했다. 분명 동그라미 씨를 자극하려는 의도였다. 벽돌 씨가 반박하고 나섰다.

"그건 바쁜 사람들한테나 하는 얘기라고. 자네 말은 한가로운 사람을 괜한 바쁨으로 몰고 가는 거나 마찬가지야."

네모 씨의 말문이 막혔다.

드라깨비 이야기

드라큘라 백작이 한반도에 넘어와 도깨비 부인을 만났다. 종족의 특성상 피와 팥을 무서워하는 도깨비들은 그게 싫었다. 도깨비 부인을 너무 사랑했던 드라큘라는 결국 악한 습성을 고쳐먹기로 맹세했다. 더 이상 사람 피를 안 빨기로 했다. 돼지 피만 먹고 살자고 마음먹은 것이다.

여기에 더해 드라큘라는 목에 도깨비불을 걸고 다녔다. 피 냄새가 나면 번쩍번쩍 빛이 나는 도깨비불이었다. 때문에 드라큘라는 흥부네 돼지 피를 빨고 와서도 항상 정갈하게 씻어야 했다. 그래야 도깨비불이 번쩍거리지 않았기 때문이다. 그제야 안심한 도깨비들은 드라큘라 백작에게 다가와 마음을 열었다. 결국 도깨비 부인과 결혼에 성공했고 둘 사이에 태어난 아들이 바로 드라깨비.

악동깨비는 드라큘라와 드라깨비 부자가 싫었다. 긴 세월 순수혈통을 유지해온 도깨비 마을이 그들 때문에 오염됐다고 생각했다. 그래서 음모를 꾸몄다. 몰래 드라큘라의 도깨비불을 빼돌리고 소문을 냈다.

"드라큘라 백작이 결국 도깨비불을 떼어버렸어. 우리 마을은 몰살될 거야."

누명을 쓴 드라큘라 백작은 할 수 없이 마을에서 떠나야 했다.

악동깨비는 드라깨비마저 쫓아내기 위해 또 다른 음모를 세웠다. 바로 달걀귀신들을 포섭해서 피와 팥을 마을 입구에 놔두라고 시켰다.

"그러면 내가 나서서 말할 거야. 드라깨비도 결국 제 아빠를 닮아서 피를 찾는 놈이라고. 그러면 그녀석도 쫓겨날 걸."

이 와중에 달걀귀신들은 피와 팥이 도깨비들에겐 치명적이라는 것을 알아버렸다.

"정말 못된 놈이네. 드라깨비가 잘못한 게 뭐 있다고 쫓아내려고 한담."

"흐흐. 그래도 우리한테는 최고의 기회군. 도깨비들의 약점을 알아내려고 노력해도 항상 실패했는데, 저 바보 같은 놈이 알아서 가르쳐주니 이 얼마나 횡재야. 흐흐."

"그러게. 이번이야말로 절호의 기회다. 살기 좋고 행복한 도깨비마을을 우리가 접수할 수 있는 기회란 말이지."

"접수만 성공하면 그 때는 도깨비들을 다 쫓아내버리고 마을에서 배부르고 등 따숩게 잘 살아가야지."

"가까운 사람마을에도 쳐들어가서 얼굴도 빼앗아오고."

"먹을 것도 빼앗아오고."

"재산도 빼앗아오고."
"소, 돼지들 다 없애버리고."
"애들도 납치해오고."
"완전히 망쳐버려야겠어. 흐흐."
"그럼 우리 7일 뒤에 거사를 벌이자."

한편 아버지의 누명을 씻기 위해 드라큘라 백작을 찾아간 드라깨비는 갖은 고생 끝에 아버지와 상봉하고, 아버지에게서 새로운 기술인 '피 안 무서워하기'와 '박쥐 부리기' 기술을 배웠다. 다시 마을로 돌아온 드라깨비의 눈에 비친 풍경은 끔찍한 것이었다. 달걀귀신들이 마을을 마구 유린하고 있었다. 그들의 목에 걸린 피와 팥 주머니 때문에 힘센 도깨비들도 도무지 힘을 쓰지 못했다.

피를 안 무서워하게 된 드라깨비가 나서서 달걀귀신들을 위협했다. 달걀귀신들이 당황하며 저항했지만 결국 드라깨비가 소환한 박쥐들에게 쪼이며 마을에서 쫓겨났다.

악동깨비는 거짓말한 죄, 음모를 꾸민 죄로 100년 동안 혹부리 영감의 혹을 목에 걸게 되지만, 드라깨비와 드라큘라 백작은 넓은 마음으로 그를 용서한다. 악동깨비가 크게 뉘우치며 감사의 마음을 담아 노래를 한 자락 부르는데, 멀리서 이를 지켜보던 네모 씨가 벽돌 씨에게 말했다.

"자신과 다르면 무조건 갈등하고, 싸우는 게 본성일까?"

"타인에게 진실하게 마음을 여는 지혜가 부족하다면, 세상은 결국 싸움터 밖에 안 되겠지."

한편 동그라미 씨는 둘의 대화는 아랑곳없이 악동깨비의 노래를 들으며 신이 나서 춤을 추고 있었다.

03

너무 소중해서
이 세상에 없는 것

82 - 117

-
"인간은 평생 뇌의 용량 중
불과 20% 정도 밖에 사용 안 한다고 하더라."
동그라미 씨가 말하자 벽돌 씨가 비웃듯 말했다.
"그래서 얼마나 다행인지 모르겠어."

낚는 법은 항상 같다

강태공과 만난 동그라미 씨. 그는 늘 해 보고 싶던 바다낚시를 배우기 위해 강태공을 찾았다.

"낚시를 잘 하는 방법은 다른 게 아니야. 물고기들에게 좋은 환경을 골라 기다리는 것이 하나, 그리고 물고기들이 원하는 것을 주는 것이 둘이지."

그 이름 높은 강태공의 말씀에 동그라미 씨가 고개를 끄덕였다.

"이제 구체적으로 설명해줄게. 첫 번째 얘기는 바로 좋은 목을 활용하는 문제였지. 물고기를 잡기 위해선 물고기들이 좋아하는 환경을 정확히 알아야 해. 그 환경을 찾아내서 자리를 잡게. 사람을 낚을 땐 그게 무엇일까? 그 사람의 그릇에 맞는 환경을 만들어내게. 물고기나 사람이나 대부분 소심하고 조바심이 많아서 판단할 시간이 적으면 잘 속아 넘어가지. 이해 가나?"

"끄덕끄덕."

"이제 두 번째 얘기를 해 보자. 누구나 원하는 것을 주면 충성하게 되어 있어. 그러면 그것이 자신의 목을 옭아매는 미끼인 줄도 모르고 덥석 물게 되어 있지. 알겠나? 상대를 잡기 위해 상대가 원하는 것을 던져두라는 거야. 물고기들에게 그것이 미끼고, 사람에게는 주로 돈과 건강이지."

"그렇겠군요! 정말 큰 도움이 되겠습니다."

꼼꼼히 메모를 하며 강태공의 말을 듣던 동그라미 씨의 얼굴에 뿌듯함이 겹쳤다.

그 때였다. 갑자기 문이 쾅 하고 부서지며 경찰들이 들이닥쳤다.

"강태공! 너를 보이스피싱 피의자로 체포한다. 너는 변호사를 선임할 권리가 있고, 어쩌고저쩌고."

급박한 상황 속에서 한 경찰이 동그라미 씨를 바라보며 말했다.

"넌 누구야?"

동그라미 씨가 당황하며 말했다. 얼굴에 땀이 흘렀다. 두 발마저 부들부들 떨리고 있었다. 겁을 잔뜩 먹은 것이 틀림없었다.

"저기, 저는, 그냥 낚시를 배우러 왔을 뿐인데요."

"낚시? 이 자식도 체포해!"

동그라미 씨의 팔목에도 수갑이 걸렸다.

사마리아인에 찍힌 낙인

"예수가 우리를 너무 좋게 묘사해서 도대체가 원."

사마리아인 하나가 울분을 터트리며 말했다. 화가 많이 난 듯 들고 있던 500CC 맥주잔을 탕 하고 테이블에 던져놓자 마른안주가 뒤집어졌다. 우수수 건포도와 땅콩이 바닥으로 떨어졌다. 맞은편에 앉아 있던 다른 사마리아인이 잔뜩 취해서 대답했다.

"도대체가 사람들의 시선 때문에 옴짝달싹할 수가 없어."

상황은 이렇다. 예수가 누가복음에서 "우리 유대인은 그간 사마리아인들을 무시해왔지만 착한 사마리아인은 충분히 존중 받을 자격이 있다."고 말한 이후 사마리아인들은 착하게만 살아야 했던 것이다. 도대체 마음을 놓을 수가 없었다. 사람들은 그들이 길거리에 침이라도 뱉으면 말도 안 된다는 눈빛으로 바라봤다.

"저 사람은 사마리아인이 아닌가 보지?"

"그 착한 사마리아인이 그럴 리 있나? 옷만 저렇게 입었지, 악독한 로마인이 분명해."

그런 소곤거림은 굴레가 되었다. 사마리아인들은 굴레 속에서 착하게 살아야 했다.

처음의 사마리아인이 다시 얘기를 시작했다.
"칸트는 자신의 양심에 맞춰 행동하는 것이 도덕이라고 했다지만 나는 반대일세. 우리는 정말 도덕적으로 살긴 하지만, 원해서 그런 게 아니라고. 순전히 남들의 시선 때문에 착할 뿐이야. 차라리 난 홉스나 흄을 지지하겠네."
"나도 그래. 분통 터지는 일이야. 심지어 우린 종교조차 없잖아. 그런데도 선입견은 마치 종교의 굴레와도 같이 우릴 옥죄고 있어."
그 때였다. 술집 주인이었던 동그라미 씨가 둘에게 다가갔다. 손에는 빗자루가 들려있었다.
"저기요."
"왜요?"
"아까 안주 다 떨어뜨리셨는데요. 착하신 분들이 그러시진 않겠죠? 다 청소하실 거죠?"
동그라미 씨가 빗자루를 건네주었다. 엉겁결에 빗자루를 받으며 사마리아인들이 대답했다.
"그럼요."
동그라미 씨가 떠나자 두 사마리아인은 빗자루를 들고 청소를 시작했다.

방언의 달인

 어떤 분야의 전문가가 되면 좋을지 한참을 고민하던 동그라미 씨가 '사투리의 달인'이 되기로 했다.
 "그래! 세계 모든 언어의 사투리를 완벽히 익히는 거야! 그러면 달인 방송에도 나갈 수 있을 거야."
 내심 자신의 선택에 흡족해하며 동그라미 씨는 방언 공부를 시작했다.
 결코 쉽지 않은 공부였지만, 동그라미 씨는 끝없는 노력으로 결국 세계 모든 언어의 사투리를 완벽히 익히는 데 성공했다.

이후 동그라미 씨는 폐인이 되었다. 어디를 가도 그를 받아주지 않았다. 말을 할 때마다 웃음이 터졌다.

"어머, 정말 촌스럽다. 저 사람, 말하는 거 봐!"

너무 완벽한 사투리를 구사하는 탓이었다. 대중의 깔보는 듯한 눈빛이 그를 압도했다.

"지는 한 가지 말만 허는 게 아니라니까예."

동그라미 씨가 자신의 박식함을 자랑하기 위해 다른 나라 사투리로 말하면 오히려 반응은 더 차가워졌다. 딴 나라의 사투리를 전혀 이해 못하는 사람들은 그를 이상한 사람이라고 흉봤다.

"획일화가 얼마나 무서운 건데, 너는 그걸 잊고 있었구나!"

불쌍한 동그라미 씨를 바라보던 네모 씨가 혀를 쯧쯧 차며 말했다.

실수였는데

심판이 종료 휘슬을 불었다. 응원석에서 함성이 커다랗게 일었다. 도미노 장군 배 조기축구경기에서 입체 팀이 도형 팀에게 이기는 순간이었다.

집중적으로 동그라미 씨가 동료들의 비난을 받았다. 패배의 책임이 모두 그에게 있다는 식이었다. 동그라미 씨는 골키퍼였다. 모두가 그를 힐난하며 비난했다.

결국 뒤풀이 자리에서 동그라미 씨가 불만을 터뜨렸다. 앞에 앉은 네모 씨에게 성을 내며 말했다.

"도대체 왜, 모두들 나만 비난하는 거냐고? 나는 실수를 했을 뿐이야."

네모 씨가 애처롭다는 듯 동그라미 씨를 바라봤다. 네모 씨의 말없는 시선은 아랑곳없이 동그라미 씨가 맥주잔을 테이블에 거칠게 내려놓으며 외쳤다.

"도형들이란! 항상 잘 해도 단 한 번의 실수만 저지르면 참지 못하는 게 바로 그들의 본성이군! 왜 그런지 아나? 본성 깊은 곳에 천년

송 나무뿌리처럼 박혀 있는 게 있거든. 바로 자존심! 자기가 세상에서 제일 잘났다고 믿는 게 행복할 테지. 남들이 잘 하면 응원하고 격려하는 척 하지만 은근히 몰락을 바래. 남을 딛고 올라서야 하거든. 바로 질투야! 그들의 마음속에 동료애란 없어."

네모 씨가 동그라미 씨를 물끄러미 바라봤다. 웬일로 주제에 꽤 똑똑한 말을 한다고 신기했을까? 동그라미 씨가 말을 이어갔다.

"그러다 보니 자기보다 잘난 존재가 있으면 내심 언제 실수하나 기다려. 완벽한 존재는 없기에, 누구나 실수하는데 그럴 때면 주변에 환호성이 들리지. 그래, 너의 그 실수 때문에 우리가 이렇게 피해를 본다! 너만 아니었으면 우리 모두 행복할 수 있었다! 이런 되도 않는 핑계를 대면서 말이야. 10번 잘하다가도 1번 실수하면 욕먹는 이유야."

거나하게 술이 오른 동그라미 씨가 갑자기 자리에서 일어나 패배의 쓴맛을 서로 위로하던 동료 도형들에게 고래고래 소리를 질러댔다.

"너희들이 뭐가 그렇게 잘났다고! 축구는 모두가 한 팀이야. 우리 모두 책임이 있단 말이야. 내게 패배의 책임을 일방적으로 몰지 마! 자꾸 그러면 이 팀에서 빠질 줄 알아!"

우울하던 동료 도형들의 표정이 환해졌다. 박수가 터졌다. 한 도형이 유쾌하게 외쳤다.

"그래, 동그라미! 너만 빠지면 돼! 고맙다! 이제 시멘트 반죽 같은 입체 놈들을 이길 수 있게 됐어!"

왁자지껄 분위기가 밝아졌다.

"도무지! 아무도 내 말을 진지하게 듣지 않는군! 우리 팀의 패배를 내게만 몰지 말라니까, 이 핑계쟁이들아!"

동그라미 씨가 제대로 열을 받아서 광분하려는 순간 네모 씨가 동그라미 씨를 뜯어말리며 말했다.

"네가 자책골을 5골이나 먹어서 우리가 3:5로 졌는데 우리 모두의 책임이라니! 너야말로 핑계 대지 말게!"

간접세와 직접세

도박판이 벌어졌다. 네모 씨가 동전을 손 안에 집으면 동그라미 씨가 홀짝을 맞추는 어려운 게임이었다. 동전을 빌려준 벽돌 씨가 두 도형에게 말했다.

"게임을 할 수 있게 도와준 세금은 내야 할 텐데. 딴 돈의 5%씩을 세금으로 낼 텐가 아니면 한 판 할 때마다 100원씩 내겠나?"

동그라미 씨가 궁리에 빠진 동안 네모 씨는 과감히 선택했다.

"난 5%를 선택하지."

동그라미 씨는 이렇게 생각했다.

'내가 만약 게임을 잘 해서 열 판에 10만원을 따도 세금은 1천원뿐이지. 그러나 네모처럼 하면 5천원을 내야 하거든. 네모는 말만 번지르르하지 바보임에 틀림없어.'

그리고 말했다.

"그럼 나는 매판 100원씩 내는 것으로 하겠어."

이후 게임이 진행됐다. 게임은 서로 비슷한 승률로 계속됐다. 당연하다. 어차피 승률은 50%니까. 100판의 게임을 마친 후에도 서로 주고받는 돈만 조금씩 있을 뿐 따거나 잃지도 않은 결과가 되었다.

결과는 뻔하다. 네모 씨는 세금을 하나도 안 낸 반면, 동그라미 씨는 1만원을 세금으로 내야 했다. 동그라미 씨가 울상을 지으며 말했다.
"이건 말도 안 돼. 같이 게임을 했는데 왜 나만 세금을 내야 하지?"
벽돌 씨가 손에 들어온 1만원을 흐뭇하게 바라보며 말했다.
"그게 바로 소득격차를 수수방관하는 정부가 하는 일이야. 개인소득에 따라 세금을 내는 직접세 정책을 줄이고 담배나 술, 라면, 외식 등의 소비에 따른 간접세를 늘리는 편이 훨씬 저항도 적고 세금도 많이 들어오거든. 부자들은 간접세를 좋아하지. 많이 벌어도 세금을 서민이랑 똑같이 내잖아. 넌 부자가 아닌데도 꿈만 꾸며 사는군."

비극의 주인공

연극 '오이디푸스'에 출연한 동그라미 씨. 테베의 양치기 역할을 맡았는데 너무나도 실감나는 연기를 선보여 올해 최고의 신인배우란 극찬을 받았다.

유명세를 몰아 새로 캐스팅된 역할은 셰익스피어 작품 '오셀로'. 그것도 주인공인 '오셀로'역을 맡았다. 하룻밤 자고 일어나니 스타가 된 셈이었다. 그러나 동그라미 씨는 '오셀로'에서는 도무지 역할에 몰입을 못 했다. 연기는 어색하기 그지없었고, 발성은 천박하기 이를 데 없었다.

결국 연출을 맡았던 네모 씨가 동그라미 씨를 타박하기에 이르렀다.

"자네, 왜 이렇게 연기를 못 하는 거야! 오이디푸스에서는 훌륭했잖아. 이 연극하기 싫어?"

"사실은요. 제가 도무지 역할에 공감을 못 하겠어요. 저는 가난하게 살아서 양치기 역할은 제 생활 같이 너무 편하고 익숙했거든요. 그런데 부유한 귀족 역할을 하려니 상상이 안 가요. 그들은 어떻게 살아왔고, 어떤 걸 먹고, 어떤 생각을 하는지 도무지 모르겠어요."

동그라미 씨가 울먹이며 심정을 고백했다. 이어 불만을 토로하듯 질문했다.

"왜 고전희곡의 주인공들은 죄다 왕, 왕자, 귀족, 기사 등이에요? 서민들이 그들 삶을 보며 이해나 하겠어요?"

네모 씨가 어이없다는 듯 말했다.

"다 그런 건 아니야. 코미디의 주인공들은 서민인 경우가 많지. '한여름 밤의 꿈'이나 '말괄량이 길들이기' 따위를 보게나. 그런데 비극의 주인공들은 자네 말대로 주로 고위층이지. 자네가 그렇게 연기 폭이 좁다면 코미디나 하게. 페이소스를 자극하는 비극에서는 기껏해야 조연만 해야 할 거야."

"도대체 왜 그런 거죠?"

"즐거운 일은 서민들이 겪어야 하고, 슬픈 일은 왕족들이 겪는 척이라도 해야지. 그래야 체제 유지가 되니 말이야. 현실도 고통스러운데, 연극에서마저 서민들이 고통을 겪으면 아마 큰일 날 거야."

동그라미 씨가 고개를 끄덕였다.

햄릿과의 대화

"한국인이십니까?"

햄릿의 혼이 옆자리에 앉으며 동그라미 씨에게 물었다. 혼자 술을 먹으며 추억의 그림자를 회상하던 동그라미 씨가 쓱 쳐다보곤 다시 고개를 돌렸다. 묵묵부답이었다.

햄릿의 혼은 개의치 않는 듯 했다. 그도 약간 취했음이 분명했다.

"한국 사람들이 갖는 오해를 풀어주고 싶네요. 제 대사 중 가장 압권인 To be or not to be를 잘못 해석한 게 문제입니다. 죽느냐, 사느냐로 해석해서 절 죽음을 두려워하는 나약한 존재로만 바라봐요."

동그라미 씨가 고개를 숙였다. 여전히 아무 말도 하지 않았다.

"전 삼촌이 아버지를 죽였다는 사실을 알았을 때부터 삼촌을 죽일 계획을 꼼꼼하게 세워왔죠. 굉장히 용의주도하게요. 그런 모습은 안 보고 저를 나약하게만 보니 참 억울합니다."

동그라미 씨가 무거운 표정으로 술잔을 입에 가져갔다.

햄릿의 혼은 취기가 꽤 올라오는 것 같았다. 계속 혼자서 말을 했다.

"죽느냐 사느냐가 아닙니다. 제가 말하고 싶었던 것은 바로 인간 존재의 가치였습니다. 아시다시피 be동사는 '살다'는 뜻보다는 존재의 뜻이 강하죠. 그런데 왜 '살고 싶다'는 식으로 해석을 했는지! 한번 잘못 시작된 번역이 영원히 제 이미지를 갉아먹고 있어요."

여전히 동그라미 씨는 조용했고 햄릿의 혼은 혼자 떠들었다.

"생사에 집착하며 단지 먹고 싸고 자는 것이 인간이라면 동물과 다름이 없지요. 전 정의를 바로 세우는 인간으로 당당히 존재하고 싶다고 강하게 외친 것입니다. 제발 오해를 풀어주세요."

드디어 고개를 들어 햄릿의 혼을 슬쩍 바라보며 동그라미 씨가 생각했다.

'미치겠네. 영어도 모르는데 왜 자꾸 말을 거는 거야. 건배라도 해야 하나.'

자선음악회

 동그라미 씨의 일생에 있어 기억할 만한 것이 하나 있다면 바로 '자선음악회'다. 동그라미 씨가 직접 기타를 치며 노래를 부른 음악회였는데, 장애인 복지기금 마련을 위한다는 뜻 깊은 의미가 있었다.
 자연히 청중도 장애인들이 많았다. 총 3일간의 음악회 일정 중 대망의 마지막 3일째에는 청각장애인들이 관객의 대다수를 차지하게 되었다.
 스태프로 동그라미 씨를 돕던 벽돌 씨가 역시 스태프였던 네모 씨에게 말했다.
 "청각장애인 관중들의 들리지 않는 귀에 음악을 연주해야 하는 동그라미가 참 처절하군."
 네모 씨가 답했다.
 "쇼펜하우어가 이런 상황을 미리 예상한 바 있더군. 귀머거리 군중들의 우렁찬 박수가 과연 연주자를 기쁘게 하겠냐며 말이야."
 "그 말은 대중의 잘못된 여론으로 찬양 받는 것이 얼마나 무의미한가를 꼬집은 얘기였지? 마찬가지로 샹포르도 이렇게 말해. 여론이야말로 모든 의견 중 가장 최악의 의견이라는 것이지."

벽돌 씨의 말이 끝나자 연주회가 드디어 대단원의 막을 내렸다. 벽돌 씨가 안타깝다는 듯 말했다.

"보게나. 듣지도 못한 청중들이 우렁찬 박수를 치고 있어. 나 같으면 저런 상황에선 치욕과 모멸감을 느낄 것 같아."

"불쌍한 동그라미."

친구들이 안쓰러운 눈으로 동그라미 씨를 바라봤다. 그런데 동그라미 씨의 얼굴에는 환희와 감격과 보람이 가득 차 있었다. 사실 앞서 두 번의 음악회는 실패에 가까운 상황이었는데, 이번에는 어쨌든 박수를 받았다는 것만이 기쁜 모양이었다.

추억의 그림자

휘황찬란하고 예쁜 바텐더들이 상주하는 다른 곳에 비하면 이 허름한 '바'는 이제 '바'라는 이름조차 붙이기 민망하다. 싸다는 장점 때문에 네모 씨와 동그라미 씨는 여기를 애용한다. 올드 팝이 잔잔하게 깔리는 이 공간이 무척 조용하다는 이유도 크다.

"이런 공간, 옛날 포장마차 같아. 혼자서도 얼마든지 술을 먹을 수 있지."

네모 씨의 말에 동그라미 씨가 공감한다는 듯 말했다.

"허름하고 가난한 냄새가 나지만 그만큼 삶의 향기가 가득 묻어나잖아. 이런 걸 운치라고 하겠지? 희미한 옛 추억의 그림자가 생각나는군."

"사람들은 항상 추억을 그리워하지. 그래서 자꾸 추억의 그림자를 찾아 헤매는 것인지도."

"왜 그럴까?"

"현실에 만족하는 사람은 아무도 없기 때문이겠지. 현실은 싫지만 어찌 될지 모를 미래를 그리워할 수도 없잖아? 그러니 과거에서 그리웠던 추억의 그림자라도 자꾸 찾는 거겠지."

블랙러시안을 만들기 위해 깔루아 병을 따던 바텐더 그림자 씨가 문득 고개를 들어 따지듯이 물었다.

"왜 자꾸 내 이름을 부르는 겁니까?"

그림자 씨를 보곤 동그라미 씨가 네모 씨에게 속삭였다.

"요새 캐릭터가 너무 늘어나는 것 같은데?"

"아이디어가 없으니 자꾸 등장인물이 생기는 게지. 쯧쯧."

"그렇군."

고개를 끄덕이며 동그라미 씨가 그림자 씨에게 대답했다.

"미안합니다. 우리는 단지 추억의 그림자를 얘기하며 과거를 회상했을 뿐입니다."

그림자 씨가 화가 난 듯 잔을 닦으며 내뱉었다.

"사람들은 현실이 조금만 힘들면 우리들을 그리워하는데 정말 불쾌합니다. 잘 아시다시피 우리는 허상이잖아요? 빛의 반영일 뿐이지요. 우리 같은 그림자를 보지 말고 저 빛을 보란 말이오. 과거가 그림자라면 빛은 바로 미래입니다. 그걸 왜 모르는지."

네모 씨가 수긍하듯 고개를 끄덕였다.

등록금 마련 법

동그라미 씨가 대학 등록금을 못 내서 쩔쩔 매고 있을 때, 네모 씨가 안타까워하며 말을 꺼냈다.

"오늘은 실화 하나를 얘기해주지. 4학년 2학기 등록금을 마련 못해 곤란했던 사람 얘기야."

"휴학을 하면 되잖아."

"3년의 휴학기간을 다 채워서 더 이상 휴학할 수가 없는 처지였다는군. 돈을 꾸러 다녀도 여의치가 않은 거야. 240만원 등록금 중 마련한 돈이 겨우 80만원이었으니. 그래서 학교 퇴학당할 각오까지 하고 있었다지. 나중에 다시 재입학을 하면 된다고 말이야."

"불쌍한 얘기다. 그래서 어떻게 했는데?"

"등록을 3일 남기고 안절부절. 얼마나 짜증나겠어. 한 학기 남기고 잘릴 생각을 하고 있으려니 말이야. 그러다가 꽤 특이한 생각이 떠오른 거야."

"뭔데? 로또를 사서 대박 맞는 건가?"

"6백만분의 1의 확률을 얘기하지 마. 그런 거 아냐. 그의 머릿속에 떠오른 생각은 바로 티끌 모아 태산이지."

"엥?"

네모 씨가 비장하게 말을 이어갔다.

"학교 건물 앞에 앉아서 죽치고 기다리는 거야. 담배를 2갑 정도 사서 계속 피며 말이지. 누가 보면 참 한심할 거야. 아무튼 그러고 있으면 건물 앞에 선배들, 동기들, 후배들이 지나갈 것 아냐? 그러면 손을 까딱까딱하며 부르는 거지. 야, 이리로 와 봐."

"선배한테까지도 야! 했다고?"

"말을 골라서 듣게. 아무튼 사람들을 부르는 거지. 후배의 경우, 부르면 쭐레쭐레 오면서 말하지. 왜요, 형? 오빠? 그러면 이렇게 말했지. 만원만 주라. 그럼 후배가 어이없어하지. 네? 형이 등록금이 없어서 돈 모으고 있어. 160만원이 모자라서 160명한테 만원씩 모으려고. 빌려달라는 거 아니다. 달라는 거야."

"우와, 160명한테?"

"발은 넓었나 봐. 그렇게 이틀을, 수업도 안 들어가고 건물 앞에 앉아있던 결과, 160만원을 모았다더군."

"160명한테? 와, 대단하다."

"아니, 사실은 한 120명 정도였나 봐. 정말 고맙게도 그래요? 그럼 제가 더 보태드려야죠 하면서 10만원도 주고, 5만원도 준 후배들이 종종 있었다더군. 밥은 잘 사주는 선배였으니 가능했겠지."

"말이 되는 얘기야?"

"그랬다더군. 너도 희망을 가져 봐. 몇 명한테 돈 마련할 생각 말고, 티끌 모아 태산의 방법도 괜찮지 않을까 하는 생각이 들어서."

동그라미 씨가 고개를 숙이며 말했다.

"난 창피해서 못할 것 같은데. 그렇지만 네가 말한 작자의 추악한 행각은 참 많은 것을 시사한다. 그렇게 쉽게 졸업에 성공했다니."

"결코 쉽지만은 않았을 거야. 고생 많았겠지. 돈도 안 주면서 설교 늘어놓는 동기도 있었고, 왜 이러세요, 하며 이상한 눈으로 바라보는 후배도 있었고. 삥 뜯는다는 생각, 들만도 해."

"아무튼 나도 도전은 해 봐야겠다. 아무리 그래도 어떻게 160명을. 자신은 없어. 그렇지만 국가의 복지라는 게 바로 그런 게 아닌가 하는 생각이 드는군. 힘들 것도 없이, 그냥 그렇게 조금씩."

"동그라미, 너 오늘 꽤 진지한 생각을 하는군. 사람이 궁지에 몰리면 별의별 생각이 다 든다던데 신기하다. 너의 복지론 논쟁은 오늘은 그냥 넘어가자."

네모 씨가 웬일이냐는 듯 동그라미 씨를 바라보며 말했다. 항상 훈계만 늘어놓던 네모 씨가 볼 때 조금은 대견했나 보다. 그래서일까, 네모 씨가 주머니를 탈탈 털어 십 만원을 꺼냈다.

"여기, 이게 시작이야."

분배 정의

"다 팬 여러분 덕분입니다."
퀴즈대회에서 우승해 상금 1억 원을 받은 네모 씨가 시상식에서 겸손하게 말했다.
결승에서 네모 씨와 붙었었던 벽돌 씨가 시비를 걸었다.
"분배정의를 확립해야 하니, 네가 받은 상금을 팬들에게 나눠주게. 팬들 덕이라며? 하나님의 것은 하나님에게, 카이사르의 것은 카이사르에게. 예수님 말씀이야."

작가의 덧

동그라미 씨가 가수가 되었다. 의욕 넘치게 작사, 작곡을 하면서 다짐했다.

"좋아! 내가 하고 싶은 얘기를 마음껏 하자."

네모 씨가 평소 해 오던 봉사활동에 깊게 감명 받은 터였다.

"우리 모두 착하게 살아요. 우리 모두 성실합시다. 그래야 잘 살고 행복하니까."

"우리 함께 손을 잡아요. 옆의 친구 함께 걸어요. 그래야 인생이 즐거우니까."

동그라미 씨의 가사는 감동적이었다. 인간 공동체가 어떻게 살아가야 하는가를 명확히 표현하고 있었다.

다만 인기가 없었다. 그의 노래를 들을 때마다 사람들은 코웃음을 쳤다.

"저도 그 정도는 알거든요?"

"자기가 제일 잘난 줄 아나 봐."

동그라미 씨는 당황했다. 그래서 더욱 결심했다.

"아직 세상이 계몽이 안 됐나 보다. 더욱 열심히 노래 부르자! 아자!"

동그라미 씨는 힘을 내서 전국을 떠돌며 노래를 불렀다. 그러나 반응은 매한가지였다. 결국 동그라미 씨는 굶어 죽었다. 그의 묘비에는 이런 문구가 적혔다.

'세상의 변혁을 외친 음유시인, 여기에 묻히다.'

벽돌 씨가 아들과 함께 길을 걷다가 우연히 이 묘비를 보았다. 아들이 물었다.

"아빠, 이게 무슨 소리야?"

벽돌 씨가 대답했다.

"응. 동그라미 씨라는 가수야. 인간은 자존심이 너무 세서 어떤 조언을 하더라도 절대 귀담아 듣지 않는다는 것을 몰랐지. 차라리 그가 '우리 모두 흩어져 살자.'고 했으면 더 효과가 좋았을 텐데. 사람은 모두 청개구리거든. 반어법과 비유, 상징은 그래서 있는 거란다."

마지막 로맨티스트

동그라미 씨가 배고파 굶어 죽을 때 유언으로 남긴 말이 있다.
"내 묘비에는 반드시 '이 시대 마지막 로맨티스트'라고 적어주게나."
마지막 로맨티스트가 배고파서 죽다니! 그 비참한 죽음에 옆을 지키던 네모 씨가 눈시울을 붉혔다. 그리고 유언을 들어주기 위해 묘비공장 공장 사업을 하던 벽돌 씨를 불렀다. 벽돌 씨가 못 마땅하다는 듯 말했다.
"아무리 고인의 유언이라도 해도, 그 말은 절대 들어줄 수가 없어."
"왜지?"
"자신의 묘비를 만드는 것은 인간 밖에 없어. 바다생물이건, 육지생물이건 절대 무덤을 만들지 않지. 죽음을 받아들이지 못하고, 영생을 바라기 때문이야. 그러니 동그라미는 묘비명을 남기고 싶을 테지만 사실 그건 환상일 뿐이라구."
"그렇지만 고인의 유언인데."
"게다가 말이야, 그는 마지막 로맨티스트가 아니야. 마지막 로맨티스트는 바로 나라구."

벽돌 씨는 매몰차게 거절했고, 시간이 없었던 네모 씨는 할 수 없이 자기가 묘비명을 새겼다.

결국 후줄근한 묘비를 만들어서라도 장례식을 치르려는데 무덤을 파는 인부 통조림 군이 묘비명을 보고는 일을 거절했다.

"동그라미 씨는 정말 자기 자랑이 너무 심하군요. 낭만주의를 꼭 자기 죽음으로 마무리해야겠어요? 마지막이라니, 세상에! 너무 자기중심적이군요. 다른 사람의 낭만은 낭만 같지도 않다 이겁니까? 이렇게 된 것, 제가 진실을 말씀 드리죠. 바로 제가 이 시대 마지막 로맨티스트입니다. 그것이 제 자랑인데, 자존심을 꺾어가며 일을 할 순 없어요."

통조림군은 자리를 떠버렸고, 결국 촉박해진 네모 씨가 직접 무덤

을 파야 하는 사태에 이르렀다. 장례 시간이 다가오고 있어서 여유가 없었다.

 우여곡절 끝에 장례식이 시작됐다. 그런데 문상객으로 찾아온 강태공이 묘비를 보고는 이렇게 외쳤다.
 "세상에, 묘비를 봐! 난 참을 수 없어. 자기가 마지막 로맨티스트라니! 그가 저런 묘비명을 쓰면 진짜 마지막 로맨티스트인 나는 뭐가 되는 거지?"
 강태공은 화가 많이 났는지 장례식을 방해하기 시작했다. 국화를 여기저기 던지고, 고성방가를 질러대고, 제수용품을 마구 먹고 부셔댔다. 결국 장례식은 난장판이 되었다.

죽은 자는 말이 없다

굶어 죽은 가수 동그라미 씨의 묘비명은 애초에 "자기 잘났다고 외친 무명가수, 여기에 묻히다."였다. 굴욕적인 일이었다.
동그라미 씨의 사후 3년이 지났다.
"저작권료 안 드는, 친척 없이 죽은 가수 노래로 찾아."
다가올 선거로고송으로 사용할 노래를 찾던 실무진들에게 도미노 장군이 말했다. 유권자들에게 뿌릴 돈은 있으면서, 저작권료에 대한 비용은 너무나 아까웠던 탓이다. 실무진의 노력으로 동그라미 씨 노래들이 선택됐고 도미노 장군의 선거로고송으로도 사용되기 시작했다.
"노래가 너무 후진 거 아냐?"
이런 우려도 있었지만 저작권료 안 드는 가수가 많지 않았던 탓에 그냥 그대로 갔다.

엉뚱한 일이 벌어졌다. 노래가 알려지면서 동그라미 씨가 재조명을 받기 시작한 것이다.
"위대한 예술가가 죽음을 통해서만 가치를 인정받음은 슬프지만,

동그라미씨도 예외는 아니었습니다."

"기본 코드만으로 노래를 구성하는 힘, 높은 음을 너무 힘겹게 처리하는 창법, 염소와 비슷한 독특한 목소리, 은유 등의 기법이 전혀 없는 가사 등이 당시엔 받아들여지지 못했죠."

"시대를 너무 일찍 태어난 탓입니다."

"이제 그를 추모하는 일이라도 우리 후손들이 해야겠지요."

동그라미 씨를 추모하는 TV쇼에 나온 도미노 장군과 네모 박사가 서로 의견을 주고받았다. 명망 좀 있다는 사람들이 그렇게 말하니, 정말 그런 것 같았다. 그의 노래들이 점점 인기를 타기 시작했다. 저작권료가 없는 동그라미 씨의 노래는 라디오에서 아주 빈번히 흘러나왔으며, 신문도 그의 특집기사를 다루는 일이 많아졌다.

도미노 장군은 동그라미 씨의 묘비명도 바꿔주었다.

"세상의 변혁을 외친 음유시인, 여기에 묻히다."

도미노 장군은 동그라미 씨를 재조명하는 데 앞장선, 문화와 예술을 사랑하는 정치인으로 사랑을 받았다.

04

소통과 교류의 위대함

120 - 169

―

"마음을 읽는 기계가 있었으면 좋겠다."

동그라미 씨가 혼자 중얼거렸다.

사랑에 빠져 마음이 마구 설레던 차, 그녀의 마음을 알고 싶었다.

네모 씨가 옆에서 말렸다.

"참아. 그런 기계가 있어서 사람이

사람의 마음을 직면하게 되면 아마 그는 미쳐버릴 걸."

천국의 방

동그라미 씨는 자신이 죽은 이후에도 존재하고 있다는 사실에 안도감을 느꼈다. 자신의 영혼이 천국으로 향하고 있었기 때문이다.

'천국에 오신 것을 진심으로 환영합니다.'

한참을 하늘 위로 올라가서야 커다란 현수막이 보였다.

"여기가 천국이구나. 드디어 내 선행이 보답을 받는군."

동그라미 씨는 내심 기대감을 갖고 현수막 아래를 지났다.

"어라?"

천국 입구에 문이 두 개가 있었다. 하나는 여자, 하나는 남자. 동그라미 씨는 잠시 망설였지만 지체할 수가 없었다. 계속 그 뒤를 따라온 다른 천국 입국자들이 그를 보챘기 때문이다.

어영부영 남자 문으로 들어선 그는 얼마 지나지 않아 또 다른 선택을 해야 했다. 역시나 그 안에 문이 두 개 있었는데 하나는 부자. 하나는 빈자였다. 선택은 여기서 끝나지 않았다. 40대 이상이냐 미만이냐, 결혼에 실패했냐 성공했냐, 아이가 있느냐 없느냐, 독서를 좋아하나 안 좋아하나, 음악을 좋아하나 안 좋아하나, 음악을 좋아하면 팝을 좋아하나 클래식을 좋아하나, 술을 좋아하나 안 좋아하나, 생전

에 담배는 피나 안 피나, 끝없이 나오는 두 개의 문들에 동그라미 씨가 그만 지쳐버렸다.

동그라미 씨가 하늘을 보면서 외쳤다.

"하나님! 왜 이렇게 많은 문들이 천국에 있는 것입니까!"

높은 곳에서 아름다운 목소리로 대답이 들려왔다.

"하나님은 바쁘시네, 나는 대천사 미카엘이다."

그리고 저 위에서 너무나도 아름다운 형체를 한 천사가 훨훨 내려왔다. 말로만 듣던 미카엘을 목격한 동그라미 씨가 무심코 무릎을 꿇었다. 그리고 떨리는 목소리로 말했다.

"왜 이렇게 천국 가는 길에 골라야 하는 게 많습니까?"

대천사 미카엘이 얼굴에 짜증이 가득 찬 표정을 지으며 대답했다.

"자네가 백만 스물두 번째 같은 질문을 한 영혼이야. 다 어쩔 수 없는 일이네. 전쟁을 막기 위해서였지."

"전쟁이라니요?"

"천국에 온 사람들을 한 데로 모아놓으니 싸움이 일어나는 것이 아닌가! 가난한 사람들은 부자들과 싸우고, 목사는 사제와 싸우고, 금연자가 흡연자와 싸우고, 신랑과 신부도 끝없이 싸워댔지. 그래서 싸움을 피하기 위해 같은 취향의 사람들로 모으다 보니 이렇게 됐다네."

동그라미 씨가 어처구니가 없는 듯 말을 이었다.

"모든 영혼을 다 독방으로 밀어 넣으시려고요?"

"어허, 이 영혼 보게! 그럼 그게 감옥이지, 천국인가? 우리 천국에서는 개인 원룸을 제공해!"

미분양 사태

지옥에서나마 자신의 잘못을 진심으로 회개한 동그라미 씨. 다시 천국으로의 전출 명령을 받았다. 지긋지긋하던 지옥을 드디어 탈출할 수 있다는 사실에 동그라미 씨는 너무나 행복했다.

얼마나 많은 세월을 인내해 왔던가! 자신의 죄를 씻어내기 위해 그간 얼마나 많은 참회와 고해성사를 해 왔던가!

이제 더 이상 뜨거운 용암에 몸을 지지지 않아도 되는 것이다. 이제 더 이상 해괴망측한 벌레들과 한 방에서 지내지 않아도 되는 것이다. 이제 더 이상 얼음 속에서 몸을 부들부들 떨 일이 없는 것이다.

가진 짐을 다 챙겨서 천국 행 기차를 타려던 순간 성냥 군과 장작 씨가 부랴부랴 뛰어왔다. 늦게나마 마중을 나온 것이다. 성냥 군이 진심을 담아 축하했다.

"동그라미, 너 이 자식! 운도 좋네."

그런데 장작 씨는 괜히 심술이 난 것 같았다. 그의 말에 살짝 독기가 서려있었다.

"우릴 버리고 행복하게 잘 살아라!"

동그라미 씨가 작별인사를 건넸지만 그의 말 속엔 자만심에 가득 차 있었다.
"보고 싶을 거야, 친구들."
기차 안내원 역할을 하던 대천사 미카엘이 동그라미 씨를 재촉했다.
"빨리 타! 이제 출발해야 해!"

덜컹거리는 기차 속에서 동그라미 씨는 상념에 젖었다. 그리고 잠시 후 잠이 들었다. 지옥에 갔을 때부터 편안히 잠을 청한 적이 없었다. 밤마다 수행해야 할 미션이 있었던 탓이다. 이를테면 조약돌 조각해서 도장 파기라던가. 왜 그런 쓸데없는 짓을 해야 했는지는 자기도 몰랐다. 악마들이 시키니까 할 수 없이 하긴 했지만.

천국에 도착했다. 대천사 미카엘이 부랴부랴 옷을 변신시키곤, 옷을 갈아입을 필요는 당연히 없다. 천사니까 외양 변화는 맘대로 가능하다. 아무튼 변신시키곤 천국의 가이드 역할을 시작했다.
"천국에 온 것을 환영해."
동그라미 씨가 어리둥절해서 주위를 둘러보며 말했다.
"그런데 왜 이렇게 천국이 썰렁해요? 사람이 거의 없네요? 전이랑 달라요."
"쉿!"

미카엘이 검지를 입에 가져다 대며 조용히 하라고 이르자 동그라미 씨가 순간 말을 멈췄다. 반사적인 반응이었다.

 잠시 후, 엄청나게 커다란 '쏴아' 하는 소리가 들리곤 다시 조용해졌다.
 "무슨 소리에요?"
 "신께서 잠시 눈물을 흘리셨네."
 "신께서 눈물을? 왜요?"
 "그건 비밀이야."

비밀이라는데 별 수 있나. 할 수 없이 동그라미 씨는 배정된 자기 방에 갔고, 짐을 풀기 시작했다. 그런데 아무튼 너무 썰렁하긴 했다. 그야말로 휑했다. 다시 미카엘을 돌아보며 동그라미 씨가 물었다.

"왜 이렇게 썰렁하냐고요"

미카엘이 머리를 긁적거리며 말했다.

"미분양이 좀 많이 나서."

"미분양이라고요?"

"천국에 오려면 회개청약통장에 가입해야 하거든. 그 통장이 없으면 분양을 못 받아. 그런데 요새 사람들은 도무지 회개를 하지를 않거든."

"저는요? 저도 그런 건 만든 기억이 없는데."

"악마 친구들이 네가 지옥에서 판 도장으로 대포통장을 만들어줬다는군. 그래서 지옥에서 천국으로 전출한 유일한 케이스인 것이지. 게다가 넌 진심으로 회개한 편이니까."

"왜 저만 그런 걸."

"너, 지옥에서도 골칫덩이였다며? 불길에 오줌 누고, 벌레들 밟아 죽이고, 얼음지옥 갈 때 몰래 찜질팩 가져가고."

"어이쿠."

"악마들이 널 천국에 보내버린 거지. 그래도 그나마 회개는 했다니까 자격은 있으니. 도장도 그래서 파라고 한 거야."

"그런데 왜 저만 천국에 있냐고요? 심심하게. 전에 천국은 혼자만은 아니었는데."

"천국의 종류도 꽤 여러 개거든. 아무튼 생각해 봐. 살면서 지은 모든 죄에 대해 진심으로 회개하는 사람이 있겠어?"

"없겠네요."

미카엘의 마지막 질문에 동그라미 씨가 고개를 숙이며 대답했다. 동그라미 씨는 생각했다.

"앞으로 억만년 동안 천국에서 혼자 살아야 하나. 놀아주는 사람도 없이. 심심하겠다."

다시 주어진 삶

결국 천국에서도, 지옥에서도 오갈 곳이 없어진 동그라미 씨.

신이 그를 고심 끝에 환생시켜주자고 결심했다. 혼자 무지개 위에서 미끄럼을 타고 놀던 동그라미 씨가 갑자기 정신을 잃었다.

깨어나고 보니, 이승에 살던 집이었고 주변에 네모 씨와 벽돌 씨도 보였다. 깜짝 놀란 동그라미 씨가 신에게 기도했다.

"다시 제게 삶을 주시다니! 감사합니다."

신이 응답했다.

"아니, 난 너한테 벌을 준 거야."

잠시 후, 엄청나게 커다란 '쏴아' 하는 소리가 들리곤 다시 조용해졌다.

답이 나오는 식당

새로 문을 연 고급 레스토랑 '답이 나오는 식당'의 주인은 네모 씨다. 언제나 촌철살인으로 손님의 상황에 맞는 정확한 답을 내어온다. 네모 씨는 자신 있었다. 모든 고민에 대한 대답을 잘도 내어주는데 장사가 안 될 리 없다는 확신이었다.

처음 개점했을 때만 해도 대성황이었다. 그러나 손님은 금세 줄었다. 결국 하루에 찾아오는 손님은 자학증세가 있는 사람들 몇 명뿐이었다. 왜 사태가 이렇게 굴러갔을까?

두통에 대한 해답을 찾기 위해 '답이 나오는 식당'을 찾은 도미노 장군에게 네모 씨가 정답을 내 왔다.

"머리로 피가 몰려서 두통이 오는 겁니다. 흉쇄유돌근(목의 근육)이 너무 긴장해서 목 혈관이 꽉 막혔어요. 왜 막혔을까요? 삐뚤게 걸어서 그래요. 그러니까 몸의 균형을 맞추기 위해 목도 기울어 두통이 오는 거지요. 앞으로 11자로 바르게 걷도록 하세요."

도미노 장군은 "난 무척 건강한 사람이야!"라고 화를 내며 돌아섰다.

아들의 대학입시문제로 상담 온 강태공에게 네모 씨가 정답을 내

왔다.

"절대로 될 수가 없습니다. 점집에서 준다는 부적은 다 거짓말이에요. 물론 자기암시의 효과는 있습니다만, 아드님의 기본성적을 두고 볼 때 자기 암시해봤자 이번 입시에 100% 실패합니다. 차라리 취업을 시키세요. 훨씬 행복하게 살 겁니다."

학부모는 "내 아들을 그런 식으로 폄하하면 앞으로 장사 못할 줄 알아!"하고 화를 내며 돌아섰다.

연인과 헤어진 후 어떻게 하면 다시 만날 수 있을지 찾아온 동그라미 씨에게 네모 씨가 정답을 내왔다.

"그런 방법은 없어요. 제가 볼 때 당신 연인은 이미 당신을 싫어합니다. 절대로 다시 만날 수가 없지요. 마음 아프시죠? 그 고통을 잊기 위해 술을 권합니다."

동그라미 씨는 울며 돌아섰다.

이런 식이었다. 손님이 급격하게 줄어서 네모 씨는 대출이자와 인건비, 임대료 압박에 몰렸다. 괴로워하는 네모 씨를 벽돌 씨가 놀리며 말했다.

"진실을 듣고 싶은 사람이 그렇게 많을 줄 알았나? 자기한테 좋은 대로 믿고 사는 게 사람이라는 걸 왜 모르나? 심지어 기억조차 마음대로 바꾸는 게 바로 사람이야!"

질문이 나오는 식당

네모 씨의 식당이 헐값에 매물로 나왔다. 벽돌 씨가 잽싸게 식당을 인수해 간판을 바꾸었다. 이번에는 '질문이 나오는 식당'이었다. 손님들의 사연을 간단히 듣고 벽돌 씨가 질문을 던지는 형식이었다.

두통이 있다고 털어놓은 도미노 장군에게 벽돌 씨가 질문을 했다.
"왜 머리가 그렇게 아프십니까? 그 이유를 생각해 보셨나요? 그 이유를 들려주세요."
도미노 장군이 눈물을 흘리며 자신이 겪고 있는 업무 스트레스와 가정사의 비극을 털어놓았다.

아들의 대학입시문제로 고민하는 강태공에게 벽돌 씨가 질문을 했다.
"아드님의 성적을 잘 생각해 보셨나요? 지금 성적과 지망하는 대학이 잘 어울린다고 생각하세요? 아드님 본인의 희망은 들어보셨고요?"
역시 학부모 역시 눈물을 흘리며 아무 말 없이 돌아섰다.

연인과 헤어진 후 많은 고민을 하던 동그라미 씨에게 벽돌 씨가 질문을 던졌다.

"그녀의 마음을 헤아려봤어? 왜 그녀가 이별을 하자고 했는지 정말 궁금하네. 얘기해 봐."

벽돌 씨의 질문에 대답하던 동그라미 씨가 문득 펑펑 울기 시작하며 전화기를 들었다. 그리고 그가 전 연인에게 보낸 문자는 '미안해.'라고 문자를 보냈다.

다시 손님은 급격하게 늘어났다. 벽돌 씨는 자신의 손에 들어오는 막대한 매출액을 바라보며 환한 웃음을 지었다.

메아리치기

"전 정말 고민이 너무 많아요. 우리 예쁜 아이가 나쁜 길로 빠질까 걱정이 되요."

고민상담센터장 벽돌 씨가 불량학생의 어머니인 거울공주의 말을 유심히 듣고 있었다.

"어머님의 예쁜 아이가 쉽게 나쁜 길로 빠지지 않게 저희가 돕겠습니다."

"정말 그게 가능할까요? 나쁜 친구들을 만나서 요샌 저랑 얘기도 잘 안 하는걸요. 그럴 기회조차 갖기 힘들어요."

"정말 가능하지요. 친구들도 중요하고, 어머님도 중요하다는 것을 인식시켜야죠. 어머님과 얘기할 수 있는 기회를 만들어보죠."

벽돌 씨의 믿음직한 말에 거울공주는 눈물을 흘리며 고마워했다. 선뜻 비싼 상담료를 내고 그는 사라졌다. 그러면서도 돈을 조금 낸다며 미안해하는 게 아닌가! 옆에서 보고 있던 동그라미 씨가 갸우뚱거리며 벽돌 씨에게 물었다.

"어떻게 하면 그렇게 상담을 잘 할 수 있는 거지?"

"상대방의 말을 맞받아치면 돼. 내가 한 말을 다시 잘 생각해 봐.

예쁜 아이, 나쁜 길, 가능, 친구들, 기회 등 상대방이 사용하는 단어를 내가 활용해서 공감도를 더욱 끌어올리는 거지. 이런 대화의 기술을 바로 '메아리치기'라고 해."

"응? 아리랑치기?"

"아니. 메아리치기."

동그라미 씨가 끄덕끄덕하고 있는데 새로운 학부모가 나타났다. 벽돌 씨가 비법을 활용해 보라며 등을 떠밀었다. 동그라미 씨를 보자마자 학부모가 눈물을 흘리며 말을 시작했다.

"나쁜 놈의 자식이 담배를 피우기 시작했어요."

"정말 나쁜 놈의 자식이군요!"

학부모의 표정이 순간 조금 굳어졌지만 어쨌든 다시 말을 이어갔다.

"어떻게 해야 하죠?"

"어떻게 해야 할까요?"

"그 자식 확 붙잡아다가 학교도 때려치우게 만들고 싶을 지경이에요. 공부도 못 하는 그런 멍청한 놈, 어디다 써먹어야 할지도 모르겠고."

"그 자식 붙잡아서 학교 때려치우게 하세요. 공부도 못하는 멍청이는 써먹을 데가 없습니다."

결국 강력한 따귀를 얻어맞은 동그라미 씨는 쫓겨나 실업자가 됐다.

해석의 방법

다윈이 진화론에 대한 아이디어를 구상하는 촉매가 됐다는 갈라파고스 섬. 벽돌 씨와 네모 씨가 함께 관광을 갔다.

벽돌 씨가 섬의 특이한 자연환경과 생물체들에 놀라면서 외쳤다.

"역시 진화란 대단해. 생명들이 이 독특한 섬의 환경에 가장 걸맞게 진화했군! 다른 어디에서도 볼 수 없는 독특한 특징들이 잘 나타나! 그렇지 않아, 네모?"

그러나 네모 씨는 앉아서 기도를 하고 있었다.

"정말 저는 새삼 놀랍니다. 크나큰 사랑으로 이 괴이한 섬에서 잘 살아갈 수 있도록 여기 생물들에게 특이성을 허락해 창조하신 신의 큰 배려에 크게 놀랍니다."

가이드북

"그렇다면 도대체 어떻게 그녀를 유혹하란 말인가?"

그녀와 사귀는 방법에 절치부심하던 동그라미 씨가 결국은 네모 씨에게 불만을 터뜨렸다.

"자네는 항상 말만 그럴싸하고 내가 무슨 말만 하면 시비나 거는데, 실제로 어떻게 하라고 나한테 가르쳐준 적이 한번이라도 있냐고."

계속되는 동그라미 씨의 불만에 결국 네모 씨가 말했다.

"생각해 보니 그렇군. 미안해. 내가 특별히 그녀를 유혹하는 방법을 가르쳐줄게."

"정말?"

"그럼. 하루만 기다려보라고. 멋지게 문서화해서 보여줄게."

"고마워. 넌 정말 진정한 내 친구다."

다음날, 동그라미 씨는 손에 건네진 A4 용지에 출력된 문구를 기대감에 가득 차 읽을 수 있었다.

"제목, 여자를 유혹하는 법. 고마워! 내가 원하는 게 바로 이런 거야."

네모 씨가 흐뭇한 표정을 지었다. 동그라미 씨가 다음을 읽기 시작했다.

"첫째, 긍정적인 마음을 가지고 그녀에게 인사한다. 둘째, 긍정적인 마음을 가지고 만날 약속을 잡는다. 셋째, 긍정적인 마음을 가지고 만나서 사귄다. 끝?"

다 읽은 동그라미 씨가 화를 내며 종이를 내던졌다.

"이게 뭐야? 당연한 거잖아? 나도 이 정도는 안다고."

동그라미 씨가 화를 참지 못하고 네모 씨에게 달려들었다. 네모 씨가 흠칫 놀라 달려오는 동그라미 씨를 막았다.

"내 잘못이 아니야. 뭐 대단한 걸 기대했나? 처세술들이 다 저런 식이야. 구체적인 상황 얘기를 해 주는 책이 있는 줄 알았어? 읽고 자신감만 생기면 되는 거지."

수다

테이블에는 세 사람. 두 여자와 동그라미 씨. 두 여자는 아까부터 계속 서로 대화를 주고받던 것 같다. 동그라미 씨는 하품을 참지 못하겠다는 표정을 짓고 있다. 도저히 끼어들 틈이 없다.

"맞아, 왜 이렇게 직장생활이 힘든 거야. 난 대학교 때가 정말 편했던 것 같아. 그 때는 졸업하면 멋진 커리어우먼으로 살아갈 줄만 알았는데, 현실은 전혀 그렇지가 않더라고. 하. 힘들어."

"맞아. 힘들어도 잘 이겨내야지. 난 피트니스클럽에서 운동할 때면 너무 힘들어서 지쳐버릴 때가 많더라. 그래도 살을 빼야겠다는 각오 하나로 지쳐도, 지쳐도 계속 운동해. 목표량을 채울 때까지 말이야. 그래야 효과가 있더라고."

"맞아. 직장에서 가장 효과적으로 일하는 방법은 여유를 찾는 거야. 너무 집중해서 일만 하다가는 지쳐버리더라고. 짬짬이 커피도 한 잔 하고, 바람도 쐬고 해야 더욱 효율적인 것 같다는 생각이 들어. 근데 우리나라 회사 상사들은 아직 그런 생각을 못 한다니까. 그냥 일, 일, 일! 부려먹기만 하고 말이야."

"맞아. 일! 정말 짜증나. 우리 남편은 자기는 집안일은 일이 아니라고 생각한다니까! 돈 벌어오는 것만 일이라고 생각하고, 자기 밥 먹여주는 건 노는 거나 마찬가지라는 거야. 아유, 무식해. 요새가 어떤 세상인데. 그렇지? 게다가 나 요가 조금 하는 거 갖고는 이러는 거 있지? '하고 싶은 거 하면서 집에서 엄살 부리지 말라'고 말이야."

"맞아. 엄살 부리면 안 되긴 하지만 실제로 아픈 걸 인정도 안 해주는 건 정말 너무해. 생리휴가 내려고 하면 쏘아보는 우리 회사 강 부장! 아유, 재수 없어. 정말. 직장인은 아픈 건 티도 내면 안 되나 보지? 정말 너무 하더라고. 자리만 있으면 다른 데로 옮기던지 해야지 원."

"맞아. 지난 설날에는 말이야, 시어머니께서 우리 집에 오셨는데. 내가 그 때 감기 걸린 거 티 안 내려고 얼마나 노력했는데. 그래도 그게 되나? 자꾸 기침하는데 우리 그이는 되레 나한테 짜증을 내는 거 있지? 좋은 명절날 아프다고 말이야. 나 그 때 많이 울었어."

"맞아. 가끔은 펑펑 우는 것도 필요한 것 같아. 그래야 속도 시원하게 뻥 뚫리고 말이지. 스트레스가 그렇게 싹 풀릴 때가 없기도 해. 나도 회사 생활하다가 스트레스 받으면 몰래 화장실 가서 울고 나오곤 해. 근데, 재수 없는 남자 동료들이, 그런 건 싹 모른 척 해야 되는데, 굳이 꼬박꼬박 물어보고 그런다니까. 정말 눈치들 없어."

"맞아. 눈치가 있어야 하더라고. 친정엄마가 우리 그이한테 용돈 달라고 눈치를 주는 걸 그이는 전혀 모르더라니까. 집에 와서는 얼마나 싸웠던지. 그래도 그이는 되레 당당한 거 있지? 너무 황당하더라."

"맞아. 당당해야 해. 사람은 항상 자기 자신에게 당당해야 남 앞에서도 떳떳할 수 있어. 회사생활에서도 그게 얼마나 중요한데. 자신감! 그리고 떳떳함!"

"맞아. 우리 그이는 우리 엄마는 용돈 안 주고 시댁에만 용돈 주면서 어찌나 떳떳하던지. 오히려 나한테 소리를 버럭 지르는 거 있지?"

"맞아.", "맞아.", "맞아.", "맞아."

어쩌다 두 여자의 수다에 끼어들게 된 동그라미 씨는 생각했다.

'도대체 뭐가 맞는다는 걸까?'

그러면서 동그라미 씨는 자기가 무식한 것 같다는 생각이 들었다.

겸손의 늪

"사람은 겸손하게 살아야 해. 결코 건방져선 안 돼."
네모 씨의 말을 진지하게 새겨들은 동그라미 씨는 이 말을 실천하기로 마음먹었다. 그래서 당한 일을 세 가지만 들어보자.

하나, 소개팅에 나간 동그라미 씨. 겸손하기로 했다. 동그라미 씨가 참 잘 생겼다는 상대의 칭찬에 동그라미 씨가 부끄러워했다.
"아닙니다. 전 도형들 중에서 제일 개성 없는 얼굴이에요."
그리고 덧붙였다.
"저는 못생겨서 평생 못생긴 여자들만 만나왔어요. 당신 같은 미인은 만나본 적이 없어요. 제게 정말 과분하십니다. 진심이에요."
그 자신은 이유를 몰랐는데 동그라미 씨는 그날로 차였다.

둘, 회사 프로젝트 기획회의에 간 동그라미 씨. 겸손하기로 했다. 프레젠테이션이 끝난 후 임원들이 그를 칭찬했다.
"별 말씀을요. 겨우겨우 끝낸 겁니다. 이거 준비하는 데 반년이나 걸린 걸요. 거의 밤을 새면서요."

동그라미 씨는 사표를 내야 했다.

셋, 친구들과 만나 술자리를 한 동그라미 씨. 겸손하기로 했다. 친구들이 실컷 떠들던 와중에도 동그라미 씨는 묵묵히 술잔만 들이켰다. 벽돌 씨가 물었다.
"오늘따라 왜 이렇게 조용한 거야?"
"난 말도 잘 할 줄 모르고 재미도 없으니까, 그냥 조용히 있는 게 너희들이 더 편할 것 같아서."
동그라미 씨의 대답을 들은 친구들은 끄덕거렸고 그 다음부터 그를 부르지 않았다.

진실한 결혼식

동그라미 씨의 진실 된 청혼이 성공했다. 여자는 크게 감동했다. 여자의 소원에 따라 둘은 교회에서 결혼하기로 했다. 주례는 친애하는 도미노 장군. 사회를 맡은 네모 씨가 신부 입장 후 선언했다.

"지금부터 진실 되게 두 영혼을 축복해주실 주례 선생님의 말씀을 듣겠습니다."

말이 끝나자 도미노 장군의 얼굴이 하얗게 질렸다.

"저런, 진실만을 말해야 하는 거였어? 준비해온 주례사는 필요가 없군."

도미노 장군이 들고 있던 종이쪽지를 내던지고는 신랑신부에게 악담을 퍼붓기 시작했다. 그것이 진실이니까.

커피쟁이 논쟁

 미지근한 커피 위에 날벌레가 한 마리 날아들었다. 동그라미 씨와 함께 커피를 먹던 벽돌 씨가 외쳤다.
 "이 벌레가 바로 신종 돌연변이인 커피쟁이지."
 "그래? 그런 돌연변이도 있었나?"
 "그렇고말고. 옛날부터 소금기 많은 물에서 사는 벌레를 소금쟁이라고 했지. 근데 현대로 들어와 사람들은 소금보다는 커피를 더 원하게 됐거든. 그러다 보니 자연히 커피 물에서 사는 벌레들이 생겼고 이런 벌레를 학명으로 커피쟁이라고 부른다 이거지."
 "그렇군. 신기하다! 아내한테 말해줘야겠는걸?"
 새로운 지식을 얻은 동그라미 씨가 의기양양해하며 자리에서 일어났다.

 네모 씨가 뒤늦게 자리에 합류했다. 동그라미 씨는 이미 자리에 없었다.
 "동그라미는 어디 갔나?"
 "새로 생긴 커피쟁이라는 벌레에 대한 깊은 지식을 자랑하기 위해 집에 가더군."

"그래? 그게 뭔데?"

벽돌 씨가 자초지종을 설명하자 네모 씨가 발끈했다.

"소금쟁이는 그런 어원이 아닌데? 뭐를 쏜다는 놈이라는 '쏨쟁이'라는 말에서 온 것으로 아는데. 왜 친구를 속이고 그러나?"

벽돌 씨가 어깨를 으쓱하며 말했다.

"무슨 상관인가? 그렇게 믿으면 그게 사실이잖아? 게다가 사람들이 커피를 자주 먹긴 하잖아. 사람들이 공감만 한다면 진실 따위 만들기 나름이지."

파워 이데올로기

한편 동그라미 씨는 당장 집으로 달려가 '커피쟁이에 대한 사실'을 아내에게 자랑하듯 말했다. 아내는 인터넷에서 주부모임 카페 운영자였다. 아내는 남편에게 들은 놀라운 '사실'을 카페에 올렸고 이를 순식간에 1000명이 읽어버렸다.

1000명 중 300명이 SNS를 하던 차였는데 300명 중 150명이 이 '사실'을 올려서 커피쟁이 논쟁은 1백만 명에게 퍼져나갔다. 얼마 지나지 않아 커피쟁이의 '사실'을 전 국민 모두가 알게 되었다.

한 아나운서가 방송에서 '커피쟁이는 커피를 좋아하는 신종 벌레입니다.'라고 말했다. TV를 바라보던 벽돌 씨가 어이없다는 듯 말했다.

"내가 동그라미한테 한 거짓말이 왜 방송되고 있는 거지?"

네모 씨가 말했다.

"순식간에 퍼져나간 모양인데? 안 돼. 잘못된 건 고쳐야 해."

그날부터 네모 씨는 여기저기 다니며 "커피쟁이라는 벌레는 없다."고 주장했지만 모두 그를 조롱할 뿐이었다.

"네모는 말만 번지르르한 바보네? 진실을 모르고 있어."

네모의 절망은 심각했다. 진실이 이렇게 왜곡되어 사람들을 현혹

시킨다는 것이 너무나 슬펐다. 그런데 어느 날 TV를 보니 벽돌 씨가 나왔다. 벽돌 씨는 커피쟁이를 최초로 발견한 과학자로 소개되고 있었다. 벽돌 씨의 얼굴에는 긍지가 넘쳤다.

"저야말로 커피쟁이를 발견한 사람이지요. 그 '사실'을 모두가 알아주니 기쁠 뿐입니다."

나중에 벽돌 씨와 네모 씨가 만났다. 네모가 격분하여 따졌다.
"왜 진실을 왜곡하나!"
벽돌 씨가 능청스럽게 대답했다.
"이데올로기와 패러다임의 차이를 아나? 이데올로기가 대중들이 믿는 '주관적 가치'라면 패러다임은 사회 전체가 과학적으로 인정한 '객관적 진실'이지. 커피쟁이 논쟁은 처음에는 동그라미 혼자 믿는 거짓이었지만, 대중에게 퍼지면서 이데올로기가 되었어. 그리고 방송에서 공공연히 발표되면서 패러다임이 되었지. 자네는 왜 패러다임에 맞서서 혼자 바보가 되려고 하나? 그냥 물 흐르는 대로 살면 훨씬 잘 살 수 있을 텐데."
네모 씨조차 벽돌 씨의 논리에 반박하지 못했다.

진실을 밝히는 용기

세계적인 곤충학자로 명성을 떨치던 벽돌 씨가 세월이 흘러 마음을 고쳐먹었다. 서먹서먹해진 동그라미 씨, 네모 씨와도 이제 그만 화해하고 싶었다. 그래서 '진실'은 커피쟁이란 곤충은 없고, 단지 자신이 거짓말을 한 것이라고 고백하기로 했다. TV에 나간 벽돌 씨가 침을 한 번 꿀꺽 삼키고 커피쟁이 거짓말이 왜 시작됐는지 이야기했다. 벽돌 씨는 드디어 오랜 짐을 벗어버렸다.

다음날, 벽돌 씨를 향한 기사가 쏟아져 나왔다. '양심적 고백으로 학문적 청결과 자존심을 찾은 벽돌 씨' 등의 기사를 예상하며 벽돌 씨가 부랴부랴 기사를 읽기 시작했다.

"위대했던 과학자 벽돌 씨가 미쳤다. 또 하나의 천재가 광인이 된 것이다. 그는 커피쟁이라는 벌레가 없다는 망언을 방송을 통해 내뱉었는데, 우리는 모두 알고 있다. 커피쟁이가 실제로 존재한다는 사실을 말이다. 이제 벽돌 씨는 자신이 최초로 발견한 사실을 스스로 부정함으로써 유력했던 노벨상 수상을 날려버렸다."

스스로 내뱉은 거짓말이 오히려 부메랑이 되어 돌아왔다. 집단이

한 번 믿기 시작한 오류는 사실이 되어 그 창조자 벽돌 씨마저 걷잡을 수 없게 되었다. 진실을 고백한 벽돌 씨는 이제 대중과 떨어진, 그냥 머저리가 되어버렸다. 다행인 점은, 동그라미 씨, 네모 씨와 화해할 수 있었다는 것뿐이다.

두 개의 질문

동그라미 씨가 아내 몰래 회사에 사표를 냈다. 벽돌 씨 집에서 놀고 싶었다. 회사를 그만뒀다는 사실을 알게 된 아내가 동그라미 씨에게 급히 전화했다.

"당신 회사 그만뒀다며?"

신경질이 가득 들어간 아내의 목소리에 동그라미 씨가 식은땀을 흘렸다.

"아, 그게 회사 다닐 필요가 없어져서. 말 안 해서 미안해."

꺅꺅 소리 지르는 아내에게 대답하는 동그라미 씨가 말을 더듬었다.

"지금 도대체 어디야? 왜 대답을 안 해! 당장 들어와. 몇 시에 들어올 거야?"

"어, 알았어. 바로 갈게."

"어디냐고 묻는데 왜 대답을 안 해! 빨리 튀어 와. 오면 죽을 줄 알아."

'도대체 내 마누라는 질문을 동시에 몇 개를 하는 거야'라고 생각하면서, 그리고 오면 죽인다는데 도대체 오라는 건지 오지 말라는 건지

헷갈려 하면서 동그라미 씨는 벽돌 씨 집에서 떠날 준비를 했다. 같이 있던 네모 씨가 걱정스러운 듯 물었다.

"괜찮겠어? 언제 다시 올 거야?"

"질문 두 개를 한꺼번에 하지 말란 말이야."

동그라미 씨가 짜증을 팍 내면서 나가버렸다.

사춘기

동그라미 씨를 구박하던 아내의 말.
"당신은 도대체 철이 언제 들 거야! 이 인간아!"
동그라미 씨가 생각했다.
"난 정말 모자란 인간인가 보다. 다른 사람들은 다 철이 들어서 열심히들 사는데, 나만 왜 이럴까? 난 너무 책임감이 없어."
자괴감에 빠진 동그라미 씨가 술을 먹기 위해 집을 나섰다. 괴로운 마음을 달래는 데는 언제나 술이 최고라는 생각이었다. 그런데 옆 테이블에서 우연하게도 네모 씨와 벽돌 씨, 둘이서 술을 먹고 있었다. 동그라미 씨가 모른 척 하고 있으려니, 벽돌 씨가 네모 씨에게 말했다.
"불러줘서 고맙네, 친구. 그렇지 않아도 마누라랑 싸워서 괴롭던 차야."
"왜?"
"나보고 철이 덜 들었다고 구박을 해서. 난 열심히 산다고 사는데 말이지. 크게 말다툼하던 차에 네가 전화 준 거야."
"나도 그런데?"
"유유상종이군."

다른 테이블에서 혼자 술을 들이키던 동그라미 씨가 생각했다.
"나 정도는 괜찮은 거였어. 아내한테 말해줘야지."

1% 부족의 문제

행복한 결혼생활을 꿈꾼 동그라미 씨. 그러나 내심 불안을 지울 수 없었다. 아내와의 관계 시 아내가 과연 100% 만족하는지가 영 미심쩍었다. 동그라미 씨는 사실 여자들은 별로 개의치 않지만, 남자들만 신경 쓰는 문제가 있었다. 19금이니 여기서 생략하자. 아무튼 앞으로 이 문제를 '문제'라고 하자.

어느 날, 동그라미 씨가 용기를 내서 아내에게 물었다.

"자기야. 나와의 밤 생활 100% 만족해?"

아내의 대답.

"그럼, 당연하지."

"내 문제는 괜찮아?"

"자기야. 여자들은 그런 거 별로 신경 안 써. 여자의 만족도 중 99%가 남자에 대한 사랑이고, 자기의 문제는 1%만 차지할 뿐이래. 그러니까 힘내?"

동그라미 씨는 힘이 났다. 아내의 말을 듣고 자리에서 팔짝 뛰며 소리를 질렀다.

"야, 기분 좋다!"

며칠 후, 동그라미 씨와 벽돌 씨가 만나 대화를 나눴다.

"나, 아내 덕분에 너무 신나."

동그라미 씨의 말에 벽돌 씨가 비웃으며 말했다.

"너 천재는 1%의 영감과 99%의 노력으로 이뤄진다고 에디슨이 말한 거 알지?"

"응."

"그 말은 말이지. 보통 사람은 아무리 노력해서 99%를 채워도 1%가 부족하기 때문에 천재가 못 된다는 말이랑 똑같아."

"오! 그렇군."

"네 아내도 마찬가지 아닐까? 아마 제수씨는 100% 만족한 적이 한 번도 없을 거야. 항상 1%가 부족한 거지."

반박할 말이 없었던 동그라미 씨의 눈에 눈물이 맺혔다.

타산지석의 의미

등에 붙은 껌 딱지를 떼기 위해 안간힘을 쓰던 동그라미 씨. 아내가 돕겠다고 나섰지만 극구 싫어한다.

"내 문제는 내가 해결할 수 있단 말이야!"

버럭 소리를 지르는 동그라미 씨가 아내는 황당하다.

"당신, 가끔은 문제를 남과 함께 해결할 생각도 해 보세요. 자기 잘났다고 혼자 용쓰지 말고요."

아내의 진심 어린 충고가 기분 나빴던지 동그라미 씨가 아내를 한번 째려보고는 밖으로 휙 나가버렸다. 밖을 거닐고 있자니 네모 씨를 만나게 됐다. 언짢은 동그라미의 표정을 보며 네모 씨가 물었다.

"자네, 왜 그렇게 표정이 안 좋나?"

"내 등에 붙은 껌 때문이지. 아내가 떼어준다고 하는 게 영 기분이 나빠서."

"맡기면 되지. 왜 그리 용을 쓰나?"

"자신의 문제는 스스로 해결해야 한단 말이야."

"저런. 자네 역시 자네만이 최고라고 생각하며 살아가는군. 사람중에 자기의 문제를 스스로 100% 해결할 수 있는 사람이 있을까? 중이 제 머리 못 깎는다고 했어. 문제를 다른 사람이 해결해줘야 하는 경우도 있는 거야. 그런 사람이 바로 스승이겠지. 스승은 그래서 아내도, 애인도, 친구도 될 수 있는 거야. 그게 바로 타산지석의 의미 아닐까?"

나쁜 습관

숙제로 받은 어려운 수학문제를 내어놓는 동그라미 씨의 표정은 뻔뻔했다.
"네모야, 이거 좀 풀어줄래? 너무 어려운 문제야."
네모 씨가 문제를 풀어주고는 동그라미 씨에게 내놨다.
"됐지?"
"고마워."

그날부터 동그라미 씨는 거의 매일 네모 씨에게 숙제를 가져갔다. 네모 씨는 처음에는 친절하게 문제들을 풀어주었지만 점점 짜증이 나기 시작했다. 결국 18일 정도 지나서 네모 씨가 짜증을 벌컥 내며 말했다.

"스스로 풀지 못하는 문제도 있다고 내가 얘기했었지. 그렇다고 해서 모든 문제를 남한테 부탁할 순 없지 않나?"

"내게는 너무 어려운 문제라서 그래. 미안해."

"미안하다면 고쳐야지. 습관은 무척 버리기 어려운 거야. 한 번 문제가 해결되더라도 똑같은 문제를 반복할 순 있어. 그것 자체에 화낼 생각은 없어. 그러나 자네처럼 나쁜 습관을 극복하려는 노력조차 없으면 다른 사람들은 무척 실망할 거야."

한계효용 체감의 법칙

짜장면과 짬뽕 중에서 무엇을 먹을까 고민하던 동그라미 씨. 엄청난 대식가라 최소 10인분은 먹어야 한다.

"짜장 열 그릇!"

곧 짜장면 10그릇이 나왔다. 한 그릇 먹자 즐거움이 50이 늘었다. 두 그릇 먹자 즐거움이 45 늘었다. 세 그릇 먹자 즐거움이 40 늘었다. 이런 식으로 열 그릇을 먹자 마지막 한 그릇의 즐거움은 5뿐이었다. 배는 안 차서 한 그릇 더 먹고 싶은데 즐거움이 0이 될 터라 망설여졌다.

"별로 맛없게 먹었네. 다음에는 짬뽕 열 그릇 먹어야지."

동그라미 씨가 혼잣말로 중얼거리자 네모 씨가 한심하다는 듯 혀를 차며 말했다.

"바보. 짜장 5개, 짬뽕 5개 먹으면 훨씬 나을 텐데. 이왕이면 울면도 세 그릇 정도 섞어서 먹거나."

"아! 그런 방법이 있었군!"

"이것저것 골고루 소비하는 것이 자네의 즐거움을 최대로 끌어올리는 비법일세. 하나만 소비하면 점점 질려버리지. 경제학에서는 '한

계효용 체감의 법칙'이라고 하지."

"그렇군."

"왜 그런지 아나? 사람은 누구나 다양성을 추구해. 다양한 개성, 다양한 활동, 다양한 생각. 그런 다양성들이 모여서 사회도 다양해지고 세상도 다양해지는 거야. 그것을 다원주의라고 할 수 있겠지. 뭐든지 골고루 즐기도록 하게."

결혼의 기원

네모 씨에게 뭐든지 다양해야 한다는 충고를 들은 동그라미 씨. 네모 씨와 헤어지고 집으로 터벅터벅 걷다가 결심했다.

'그래. 뭐든지 다양해야 하는 거였어. 그만큼 여자도 다양하게 만났어야 하는데. 난 지금까지 너무 한 여자만 사랑했어. 이제 바람둥이가 될 테야.'

그는 아내에게 가자마자 마음 속 심정을 털어놨다. 그러자 고개를 갸우뚱거리며 아내가 하는 말.

"그렇다면 나도 다양한 남자를 만나봐야 하는 걸까? 뭐든지 다양해야 하니까."

"너 미쳤냐!"

화가 버럭 난 동그라미 씨가 벌떡 자리를 차고 일어나 집을 뛰쳐나왔다. 그리고 생각했다.

'마누라가 다른 남자랑 노는 꼴을 볼 바에 차라리 절대로 바람 안 피운다. 그게 더 속 편하겠다.'

소유욕은 이렇게 무서운 것이었다. 그 결과로 남녀 간 합의한 제도가 결혼일지도.

05

욕망과
의무사이의 간극

172 - 206
......

-

온갖 끔찍한 죄를 저질렀던 연쇄살인범이 처형당하기 직전,

마지막으로 신에게 기도했다.

"신이시여! 저는 정말, 제 죄를 회개합니다.

제가 죽인 모든 사람들에게 용서를 구하고 싶습니다.

마땅히 그러실 테지만, 절 지옥에 보내주십시오.

억겁의 세월 동안 지옥불 속에서 고통을 받는 것이 바로 제가 받아야 할

응당한 대가라고 생각합니다."

너무나 진심 어린 회개였기에 신은 용서했다.

그래서 연쇄살인범은 천국에서 억겁의 세월 동안 편안하게 됐다.

인간의 욕망은 무한한가?

"인간의 욕망은 무한하거든."

동그라미 씨가 이벤트에 당첨됐다. 참치 캔 1만 개가 선물로 도착했다. 네모씨가 100개 정도만 놔두고 기부하라고 설득했지만 동그라미 씨는 자기 의지를 굽히지 않았다. 그의 논리는 오직 하나, 욕망은 무한하기 때문에 뭐든지 많으면 많을수록 좋다는 것이었다.

결국 이는 동그라미 씨의 후회만 되고 말았다. 어찌어찌 가족들과 참치샐러드, 참치찌개, 참치비빔밥 등을 해 먹어서 통조림 200개를 처리했지만, 남은 9천8백 개의 통조림을 볼 때마다 동그라미 씨는 한숨을 쉬게 되었다.

"뭐가 잘못된 거지? 난 분명히 다다익선이라고 들었단 말이야."

동그라미 씨가 몸에서 참치 냄새를 풀풀 풍기면서 고기 집에서 만난 네모 씨에게 물었다. 네모 씨가 참치횟집에서 만나자고 놀리듯 물어봤지만, 동그라미 씨는 결사반대했다. 결국 삼겹살집에서 만났다. 아무튼 동그라미 씨의 하소연에 네모 씨가 반문했다.

"자네가 참치 캔을 1만 개가 아니라 10만 개를 받았다면 더 행복했을까?"

"비슷했을 것 같은데. 많다고 무조건 행복한 건 아니더군. 어느 정도 이상 되면 다 비슷할 게야."

네모 씨가 말을 이어갔다.

"자네 말도 맞아. 그럼 조금 더 어려운 얘기를 할게. 혹시 무차별곡선을 아나?"

"알 턱이 있나, 그게 뭐야? 미국의 위대한 16대 대통령 링컨이 만든 건가? 흑인을 차별하지 말라는 거야?"

"아냐. 이건 경제학 용어지. 지난번에 얘기한 거랑 이어서 얘기해줄게. 짜장 10개를 먹는 것과 짜장 5개, 짬뽕 5개를 섞어먹는 것 중 뭐가 좋다고?"

"섞어먹는 게 좋지."

"고르라고 하면 당연히 섞어서 먹는 걸 고르겠지?"

"당연하지."

"그럼 짜장 10개를 먹는 것과 짜장 3개, 짬뽕 3개를 먹는 것 중 고르라면?"

"오? 그건 좀 헷갈린다. 비슷한데?"

"그래. 비록 숫자가 6개로 줄어도 기쁨은 비슷하지? 숫자가 줄어도 다양한 게 좋은 거야. 그럼 이건 어때? 평생 짬뽕이 공짜로 생긴다고 생각해 봐. 대신 다른 건 절대로 먹으면 안 돼."

"열 받을 것 같은데."

"그거야. 대체재가 없어지면 사람은 화가 나고 집착을 시작해. 다이아몬드가 비싼 이유지."

동그라미 씨가 고개를 끄덕이다가 이해가 안 간다는 표정으로 다시 질문을 시작했다.

"그럼 도대체 왜 우리 사회는 돈에 대해선 많을수록 좋다는 거지?"

"돈을 대체할 게 없어져서가 아닐까? 옛날에는 돈이 없어도 명예나, 직위나, 존경 등 돈의 다른 대체제가 많았는데 말이야. 우리 사회는 돈을 대체할 다른 걸 용인하지 않게 됐어. 오히려 깔보고 무시하지. 그러니, 모을 게 돈 밖에 없게 된 거야. 명예나 존경 모아서 사는 사람 봤나?"

동그라미 씨가 그제야 이해가 간다는 듯 손뼉을 치며 외쳤다.

"알았어! 자네 말의 의미를! 참치 대신 고귀함도 챙겨보라는 뜻이군. 당장 집에 가서 9천8백 개 전부 고아원에 기부하겠네!"

말을 마치고 동그라미 씨가 성미를 못 참겠다는 듯 부랴부랴 뛰쳐나갔다. 사실 다른 속셈도 있었다.

"어이, 계산은?"

동그라미 씨는 계산 따위는 아랑곳하지 않고, 신발을 신고 나가서 뛰어가 버렸다. 네모 씨는 어이가 없었지만 그래도 흡족한 미소를 지으며 '친구니까.'라고 중얼거리며 계산대로 향했다.

자유의 무게

평생 자유를 꿈꿔오던 동그라미 씨. 게으르고 무책임한 그의 성격상 진정한 자유가 무엇인지에 대해선 고민해 본 적도 없고 잘 몰랐다. 당연히 진정 자유로워지는 법을 찾지도 못했다. 그가 제일 좋아하는 자유라는 게, 회사에서 퇴근하다 오면서 아내 몰래 맥주 한 캔 사서 먹는 정도였다.

어린이가 엄마 지갑에서 동전 훔쳐도 아무도 몰랐다는 정도의, 술을 조금 먹었는데 티가 안 나 아내가 모르더라는 짜릿함 정도의 자유. 몰래 무단횡단을 하자마자 나를 따라온 다른 사람만 단속에 걸려서 나만큼은 자유롭게 무단횡단을 했다는 정도의 치졸한 자유.

"그래도, 자유라는 것은 내 마음 속에 있는 게 아닐까? 그러니까 내가 내 본연으로 자유롭다면 난 자유로운 거지."

네모 씨에게 주워들은 말은 있어서 동그라미 씨는 이런 생각을 했고, 스스로 자유롭다고 뽐내고 다녔다. 아무도 인정해주지 않는데.

"내가 스스로 자유로운데, 너희들이 뭔데 나한테 뭐라고 하는 거야?"

벽돌 씨가 그를 비꼬았다.

"자유를 제대로 누리기 위해 수반해야 하는 책임과 의무가 얼마나 막대한지 아나? 자네는 그 무게를 감당할 수 있겠나?"

벽돌 씨의 비꼬는 말에 동그라미 씨의 마음이 상했다. 그러나 워낙 흔히 들어오던 말이기에 감히 대들진 못했다. 동그라미 씨는 말이 막혀버렸다. 동그라미 씨는 냉큼 벽돌 씨에게 진정한 자유가 어떤 것이냐고 물었지만 벽돌 씨는 대답하지 않았다.

나중에 네모 씨에게 묻자 그가 대답했다.

"자유가 그토록 무겁고 괴로운 것이라면 사람들이 왜 그리 자유를 찾을까?"

"몰라. 자유가 싫어지기 시작했어."

"그럴 필요까지야. 자유를 몸에 붙이고 다니는 딱지 정도로 생각해 봐. 그런데 자유라는 딱지에 책임과 의무가 대롱대롱 매달려있어. 그게 너무 무겁다면 붙이고 다닐 수도 없겠군. 어떻게 해야 할까?"

"네 말대로라면 책임과 의무를 떼어내야 하는 거잖아."

"그렇지. 책임과 의무를 떼어낸 자유를 즐겨야 하지."

"그건, 자유가 아닌 방임이라고 들었는데."

"좀 다르게 생각해 보자."

네모 씨가 이집트의 신 야누비스 얘기를 꺼냈다. 저승사자 야누비스는 사람이 죽어서 심판을 받을 때, 그 사람의 심장을 꺼내 무게를 잰다. 무게가 깃털보다 무거우면 그의 영혼은 갈기갈기 찢겨버린다. 반면에 깃털보다 심장이 가벼우면 죄가 없는 것이다.

"왜 그런 미신 같은 얘기를 하는 거야?"

동그라미 씨가 고개를 갸우뚱거리며 물었다. 네모 씨가 말했다.

"난 진정한 선은 진정한 자유와 같다고 생각해."

"?"

"이집트인들은 진정한 선은 의무적으로 하는 게 아니라고 생각했나 봐. 남의 눈을 의식한 착한 행동은 선함이 아니라는 거지. 이건 칸트의 주장이기도 해. 진정 착한 인간은 행동 자체에 선이 묻어나. 자유도 혹시 그런 건 아닐까? 자유로운 척 행동하면서 책임과 의무를 되돌아보는 것은 진정한 자유가 아니라는 거네. 책임과 의무가 붙어 다니는 것은 권리일 뿐이야."

"?"

"자유라는 것은 진실을 찾아가는 성찰에서 오는 거야. 진실 되게 행동한다면 그에겐 거리낄 것이 없어. 진리가 너희를 자유롭게 하리라는 말도 있잖아. 자, 이제 알겠나? 자유에서 책임과 의무를 떼어내는 방법이네."

"정말 어렵다."

동그라미 씨가 불만스러운 듯 중얼거렸다. 네모 씨가 신이 나서는 짝 하고 박수를 쳤다.

"그래, 진정한 자유는 정말 어렵지. 천국 가기가 어렵듯이. 책임과 의무 따위 무겁기만 것들을 전혀 생각하지 않아도 홀로 자유로울 수 있어야 해."

"아니, 나는 네 말이 어렵다는 거야. 네 말은 무슨 말인지 도무지 모르겠어."

동그라미 씨가 입을 삐죽거렸다.

질투의 역사

동그라미 씨는 오늘도 거짓말을 늘어놓는 중이다.
"여보, 나 야근이 잡혔어. 오늘 굉장히 늦을 것 같아. 자정 전에는 못 들어가니까 그런 줄 알아."

오후 4시, 전화를 뚝 끊는 순간 동그라미 씨는 집 바로 근처 골목길에 쪼그리고 앉아 있는 상황이었다. 아내가 다른 남자를 만나는 것이 아닌가 걱정되어서 도무지 일이 손에 잡히지 않았던 것이다. 회사에서 그렇게 조퇴를 밥 먹듯 해대니 다가올 정리해고 대상으로 내정된 것이 당연한지도.

"내가 오늘은 반드시 현장을 목격하고 말리라."

이 부질없는 행위는 누가 봐도 옹졸해 보인다. 동그라미 씨를 제외한 모든 주변 사람들은 그를 흉봤다. 그래도 어쩌겠는가? 동그라미 씨 자신은 너무나 자연스럽고 떳떳한데.

8시간을 추위에 떨며 염탐하다가 아내가 사실 결백하다는 것을 깨닫고 동그라미 씨의 마음은 사르르 풀리곤 했다. 그러면 집에 들어가는 것이다. 물론 야근을 하고 온 척을 해야 했지만, 연기가 결코 어렵지만은 않은 것이 실제로도 그는 엄청나게 피곤했다. 현관문만을 가만히 응시하며 8시간을 보내는 것은 상당히 피곤한 것이다.

집에 들어가면 동그라미 씨는 아내가 너무나 사랑스럽게 느껴져 그녀를 꼭 껴안는다.

"자기야, 정말로 사랑해. 나한테는 당신 밖에 없는 것 알지?"

"나도 자기 사랑해. 오늘 일 늦게까지 일하느라 힘들었겠다. 빨리 씻고 와."

사실은 아내가 바람을 피우지 않았다는 사실에 처절한 안도감이 그의 머리로 밀려들고, 사랑의 풍만함이 심장을 채운다.

질투라는 것은 사실 소유욕이다. 남자들끼리 하는 말이, 한강에 돌 하나 던져도 강은 유유히 흐른다는 말이 있다. 여성을 철저히 성적 대상으로만 바라보는 이 말은 자신의 여자 외에게만 해당하는 말이다. 성매매 여성에게 남자는 절대로 질투를 느끼지 않는다.

반면 자신의 연인은 오롯이 자신의 것이어야만 한다. 만약 상대가 다른 이성과 함께 있는 것을 발견이라도 하면, 자신의 '것'을 빼앗겼다는 생각에 분노와 격정이 가득 찬다. 타인의 인격을 자기 것에 가둬두려는 생각, 그것이 질투의 본질이다.

질투라는 것은 자기불신이기도 하다. 만약 동그라미 씨가 스스로에게 굳건한 자신감이 있었다면, 자기 것을 빼앗길 걱정이 없다. 여성은 원래 자신을 가장 사랑해주고, 자신이 평생을 맡길 수 있는 존재에 끌리게 되어 있다. 그렇기에 남자가 스스로 자신이 있다면, 여성은 다른 남자를 쳐다보지도 않는다. 동그라미 씨가 의처증에 사로잡힌 이유는 '혹시 이 여자가 나 말고 다른 남자를 더 멋지게 보는 것 아냐?'라는 불안감이다. 애초에, 아내에게 가장 멋진 남자는 동그라미 씨였음에도 그는 이 사실을 몰랐다.

질투라는 것은 경쟁심이기도 하다. 여자가 바람을 피워 소유욕이 완전히 무너지고, 자기불신이 극도로 치닫더라도 남자는 의외로 쉽게 여자를 다시 받아줄 수 있다. 단, 여기에는 가정이 하나 붙는다. 여자가 바람을 피운 대상이 이 세상에서 사라지거나, 저 멀리 떠나거나, 그러면 어떤 일이 일어나는가? 상대 남자를 이겼다는 생각에, 오히려 뿌듯함과 안도감이 들 수도 있다.

아내에 대한 동그라미 씨의 안심은 그리 오래 가지 않는다. 그 다음날, 출근길 지하철 속에서 동그라미 씨는 다시 처절한 불안감에 사로잡힌다.
'혹시 어제 내가 야근 안 한 걸 눈치 챈 건 아닐까? 오늘이라도 남자를 만나는 건 아닐까? 지금 만나고 있을지도 몰라.'

태풍과도 같이 쳐들어오는 엄청난 불신에 사로잡힌 동그라미 씨. 회사에 전화를 걸어 오늘 너무 아파서 결근하겠다고 통보한다. 그리고 다시 집으로 발길을 돌린다. 그리고 감시를 시작한다. 심지어 흥신소 직원도 못 믿는다는 것이 그의 우스운 지론이다. 흥신소 직원이 아내와 눈이 맞는 드라마를 본 기억이 있는 것 같기도 하다.

"까꿍. 방금 있던 게 어디 갔을까?"
유아 앞에서 장난감을 흔들다가 등 뒤로 싹 가리면 유아는 빼 하고 울음을 터뜨린다. 없어졌다고 착각하는 것이다. 사실은 등 뒤에 있지만 없어졌다고 생각한다. 동그라미 씨의 마음은 유아의 그것과 똑같다. 아내가 눈앞에서 보이지 않자 없어질까 불안해한다. 아내는 장난감이 아님에도. 동그라미 씨는 집으로 향한다. 그리고 아내에게 전화를 건다.
"자기야, 어디야?"
"나 집이지. 자기는?"
"난 회사 거의 다 도착했어. 오늘 약속 없지?"
"응, 집에 있으려고. 오늘 일 열심히 해."
"응."

동그라미 씨가 전화를 끊자마자 아내는 심부름센터 직원의 전화를 받는다. 직원은 아까부터 동그라미 씨 뒤를 아까부터 쫓고 있었다.

"남편 분, 역시 아무래도 수상합니다. 방금 사모님과 통화하셨지요?"

"회사 갔다고 하던데요."

"그런데 지금 회사로 가지 않고 계십니다. 역시."

"역시 그이가 바람을 피운단 말씀이신가요?"

"그럴 가능성을 배제할 순 없습니다."

여성의 질투는 남자의 질투와는 다르다. 여성의 질투는 자존심 문제다. 남자가 만족을 못 한다는 사실이 그렇게 짜증날 수가 없다. 그러다 보니 훨씬 복합적이다. 여성의 경우 자기불신은 없다. 자기불신이 있을 리가 없다. 여성 각자에게 자신은 최고의 존재다.

그러니 남성이 바람을 피우는 것은 자기가 싫어서가 아니라 미친 짓이라고 생각한다. 자기의 가치를 몰라주는 남성에게 분노하고 가끔 그래서 맞바람을 피운다. 복수심인 경우도 있고, 자기 가치를 알아주는 남성을 애써 찾는 경우도 있다. 아무튼 모든 여성에게 들을 수 있는 말.

"나 딴 데 가면 잘 먹히거든? 간수 잘 해."

동그라미 씨가 바람을 피우고 있다는 확신. 아내는 복수심에 사로잡혀 화장을 시작한다. 원래 여자는 나갈 때 화장을 한다.

이제 둘은 오해의 구렁텅이에 빠지게 됐다. 아내는 동그라미 씨가 딴 짓을 한다고 생각하고, 동그라미 씨는 아내가 화장까지 하고 집을 나갔다는 사실에 분노할 것이다. 이 깊은 오해의 함정에서 빠져 나오기는 쉽지 않을 것이다. 해법이 있다면 서로 모든 것을 터놓고 진솔하게 상황을 얘기하는 것이다. 하지만 한번 벌어진 신뢰의 간극을 좁힐 순 없어 보인다.

특실 선택의 오류

동그라미 씨가 아파서 병원에 누웠다.

안정을 취해야 한다는 의사의 말에 그는 고급 1인실을 택했다. 비쌌다.

그가 고급 병실에 있다는 것을 안 친구들.

"동그라미가 부자가 됐나 봐! 다시 친해져 보자!"

우르르 몰려와 떠들어 그는 오히려 더 피곤해졌다.

삶의 투쟁

1. 싸움을 준비하는 동그라미 씨의 표정은 결연했다. 손에는 땀이 흘렀고, 발은 긴장으로 덜덜 떨렸다. 저기 멀리 적이 보였다. 동그라미 씨는 순식간에 열 걸음을 달려가 적을 죽이는 데 성공했다.
"와!"
두 팔을 치켜드는 그의 온 몸에 전율이 흘렀다. 이것이 바로 전쟁에서 승리한 기쁨이던가!

2. 회의를 준비하는 동그라미 씨의 표정은 긴장되어 있었다. 손에는 땀이 흘렀고, 발은 긴장으로 덜덜 떨렸다. 중역들이 들어왔고 동그라미 씨는 프로젝트 발표를 시작했다. 무사히 프로젝트를 마쳤다. 중역들이 박수를 치기 시작했다.
"후."
두 팔을 축 내리는 그의 온 몸에 식은땀이 흘렀다. 그러나 다행이라는 안도감도 들었다.

첫 번째 동그라미 씨는 사실 장기판의 알이었다. 아무리 열심히 뛴

들 뭐하겠는가? 어차피 도미노 장군의 손아귀에서 놀아나는 도구였을 뿐이었다. 그의 승리는 그의 승리가 아니었고, 그는 적조차 선택할 자유가 없었다. 결국 그는 권력자의 도구일 뿐이었다.

두 번째 동그라미 씨는 무엇일까?

술버릇

동그라미 씨가 손에 들고 있던 막걸리 잔을 거나하게 내려놓으며 말했다.

"세상일이란 게 다 그렇고 그런 거 아냐? 왜 심각하냐고!"

동그란 탁자 반대편에 앉아있던 벽돌 씨는 그런 동그라미 씨의 설교가 영 시답지 않은 듯 했다. 동그라미 씨의 말을 듣는 둥 마는 둥 하면서 나무젓가락을 들고 탁자 위에 놓인 도토리묵이나 뒤적거리는 것이었다.

동그라미 씨는 그런 벽돌 씨가 영 마음에 들지 않는 듯 했다.

"이 놈 보게! 왜 남이 말하는데 안 듣는 거야? 먼저 고민 얘기한 건 너잖아! 남이 거기에 대해 진지하게 대해주면 주의 깊게 들어야 하는 거 아냐?"

벽돌 씨가 그제야 고개를 살짝 들어 대꾸했다.

"이봐. 그 고민에 대해 내가 얘기한 게 벌써 두 달 전인데, 허구한 날 똑같은 얘기를 하는 건 자네가 아닌가?"

동그라미 씨가 혼자 막걸리 병을 들어 비어있던 잔에 채우면서 대답했다.

"어허, 걱정이 돼서 그러는 거 아냐! 걱정이 돼서!"

말을 마치곤 잔을 들어 입에 댔다. 입술을 타고 막걸리가 조금씩 옷으로 흘러내렸지만 개의치 않는 듯 했다. 꽤 취해 보이는 동그라미 씨 앞 가슴팍은 말라버린 막걸리들이 모여서 하얀 추태를 이루고 있었다.

"됐네, 매일 똑같은 얘기 듣기 나도 이제 지겹네, 지겨워!"

벽돌 씨가 지긋지긋한 듯 말을 마치곤 벌떡 일어나 계산서를 들었다. 먼저 나가려는 듯 했다. 동그라미 씨가 말했다.

"이봐! 마시던 잔은 다 비워야지!"

벽돌 씨는 그런 동그라미 씨를 한심한 듯 쳐다보곤 말도 없이 휙 가버렸다.

"에이, 나쁜 놈아!"

동그라미 씨는 그를 신경도 쓰지 않겠다는 듯 욕을 내뱉곤 다시 잔을 채우기 시작했다.

다음날 아침, 숙취에 못 이긴 채 잠이 깬 동그라미 씨는 곰곰이 생각을 하기 시작했다.

"어제 내가 누굴 만났더라?"

아무리 생각하고 생각해봐도 떠오르질 않았다. 심각할 정도의 필름 끊김이었다.

"에이, 생각도 안 나네. 모르겠다. 오늘은 벽돌이나 불러서 술이나 마셔야겠군. 그가 두 달 전에 털어놓은 고민을 아직도 해결 못 해줬는데 오늘은 꼭 진지하게 얘기 좀 해야겠어."

동그라미 씨가 냉큼 전화기를 집었다.

열정의 필요

과음으로 인해 졸음이 몰려온 동그라미 씨가 하품을 하며 말했다.
"아, 졸려라."
멀쩡한 벽돌 씨가 갑자기 소리를 지르며 버럭 화를 냈다.
"자네는 지금 나랑 얘기하는 데 열정이 없으니 졸린 거야. 열정이 있다면 졸릴 이유가 없지. 만약 내가 여자라면 자네가 지금 졸릴까?"

역사를 배우는 방법

동그라미 씨가 아들에게 전화로 하는 말. 아들은 요새 게임에만 한창이다.

"역사가 얼마나 중요한지 알아? 프로그래머가 꿈이라며? 너도 이제부터 컴퓨터의 역사를 알아야겠다. 8비트부터 시작하자."

동그라미 씨는 구형 중의 구형인, 사실 구하기도 힘든 흑백 8비트 컴퓨터를 샀다. 집에 있던 멀쩡한 최신 컴퓨터는 헐값에 벽돌 씨에게 넘겨버렸다. 아들은 항의했지만, 동그라미 씨는 고집을 꺾지 않았다. 이틀 후 아들은 가출했다.

엔트로피 가속기

"엔트로피 증대의 법칙이란, 에너지가 높은 곳에서 낮은 곳으로 흘러서, 결국 모든 곳의 에너지가 다 평등해진다는 법칙이다. 마치 뜨거운 물과 차가운 물을 섞으면 미지근해지듯이 말이다. 이 과정은 언제 어디서나 일어난다. 그래서 결국 세월이 흐르고 흐르면 모든 곳의 모든 에너지가 다 균등해진다. 이때가 되면 '지구가 정지'할 것이다."

"끔찍한 일이야, 네모. 곧 지구가 정지한다네."
동그라미 씨가 읽고 있던 책에서 고개를 들며 말했다. 네모 씨는 동그라미 씨의 말을 듣고는 코웃음을 쳤다.
"말도 안 되는 소리 하지 말게. 그건 몇 십 억년 후의 일이라고."
"그래도 슬프잖아."
"헛소리 하지 말고 내 새 발명품 좀 봐 줘."
"뭔데?"
그렇게 네모 씨가 내놓은 발명품의 이름은 '엔트로피 가속기'라는 것. 인간 사회에 엔트로피 개념을 적용시킬 수 있는 기계였다. 사람들 사이의 경제적 격차와 사회적 평판을 균등하게 만들어버리는 획

기적인 것이었다.

"이제 우리는 다 함께 평등한 삶을 살 수 있겠구나! 좋아, 너무 좋아."

네모 씨는 자신의 발명에 도취감이 들어서는 자화자찬을 계속했다. 그때 벽돌 씨가 들어왔다. 벽돌 씨가 엔트로피 유통기를 보고는 공포에 질렸다.

"이건 사회를 파괴할 핵무기나 마찬가지군!"

동그라미 씨가 나섰다.

"벽돌, 네가 성공한 사업가니까 그런 거 아냐? 빼앗기기 싫어서 말이지. 좀 크게 보라고. 모두가 행복해질 수 있는 기회야."

"헛소리 하지 마, 동그라미. 세상은 그렇게 만만한 게 아니라고. 행복의 원천은 완전한 평등 따위에 있지 않다고. 평등 이념 역시 남들에게 강요하면 안 돼."

벽돌 씨의 말을 듣고 네모 씨가 곰곰이 생각에 잠겼다. 잠시 후 네모 씨는 고개를 끄덕이며 기계를 망치로 박살내기 시작했다.

발전의 원칙

　벽돌 씨와 동그라미 씨가 가상의 도시를 건설하는 컴퓨터 게임을 하고 있었다.
　처음에는 재미로 시작했지만, 점차 둘은 경쟁이 붙었다.
　"내가 더 멋진 도시를 만들 테다."
　"무슨 소리. 그건 내가 할 말이야."
　게임의 규칙은 2025년 시점에 인구가 더 많은 쪽이 이기는 것이다.

　벽돌 씨는 경제활동에 주력했다. 공장을 자꾸 짓고, 노동자들의 월급을 자꾸 올려주었다. 결국 2023년, 전쟁이 일어났다. 다 총 맞아 죽고 인구는 0명이 되었다. 게임 엔딩멘트.
　"돈이 많아야 행복하다고 생각하는 인간들만 만들었군요. 성장이 멈추는 순간 망할 뿐이죠."

　동그라미 씨는 복지활동에 주력했다. 공원을 자꾸 만들고, 복지예산을 자꾸 늘려서 저소득층을 지원했다. 결국 2023년, 파산했다. 모든 사람들이 일을 안 했다. 다 굶어서 죽고 인구는 0명이 되었다. 게임 엔딩멘트.

"국가 예산으로 쾌락을 즐기고, 행복을 누리며 사는 건 바람직하지 않습니다. 그런 행복은 자기기만일 뿐입니다."

"너무 어려운 게임이군."

동그라미 씨가 어처구니없다는 투로 말했다.

권리란 무엇인가?

 게임에 실패한 두 도형이 게임 제작자를 항의방문 하기로 했다. 사실 게임의 제작자는 네모 씨였다.
 "제가 만든 게임을 했군요. 놀랍네요."
 벽돌 씨가 화난 표정으로 네모 씨의 멱살을 붙잡았다.
 "그게 뭐가 놀랍다는 거야. 그나저나 이 자식아, 도대체 뭔 게임을 이 따위로 만든 거야!"
 네모 씨가 콜록거리며 대답했다.
 "이것 좀 놔 주세요. 설명해 드릴게요."
 "얘기 좀 듣고 화내, 벽돌아."
 동그라미 씨가 벽돌 씨를 만류했다. 네모 씨가 옷매무새를 정돈하곤 설명을 시작했다.

 "삶의 목적은 부족함을 채우려는 갈망 자체에 있는지도 모릅니다. 부족한 걸 다 채울 수 있으면 인간은 오히려 불행해지지요. 솔로몬은 모든 것을 다 이루고선 되레 헛되고 헛되다고 울먹였지요."
 "그게 인권이랑 무슨 상관인데?"

벽돌 씨가 중얼거렸다.

"인간은 갈망하는 자체로 삶에 의미를 찾는다는 겁니다. 갈망을 이뤄가는 것으로 행복을 느끼지요. 갈망을 이루지 못하고 좌절할 때 인간은 불행합니다. 하다못해 갈망을 이룰 수 있는 가능성이라도 주어야 한다는 것이지요. 그 가능성이 바로 '인권'이라고 저는 생각했습니다."

"게임이 너무 심각하다."

동그라미 씨가 혼자 되뇌었다. 네모 씨가 말을 이었다.

"전 제 생각을 다른 사람에게도 전해주고 싶었습니다. 그래서 막대한 제작비를 들여 게임을 완성했지요. 그것이 아마 제 갈망이었나 봅니다."

그 때였다. 도미노 장군이 문을 박차고 들어왔다.

"네모 씨, 채권추심기간이 지났습니다. 게임 히트 치면 돈 갚는다고 하셨지만, 실패했군요. 당신을 체포합니다."

말이 끝나자 경찰들이 들어왔다. 네모 씨의 손목에 수갑이 채워졌다. 아무도 그 게임을 하지 않았으니 제작비 뽑기도 어려웠나 보다. 끌려가는 네모 씨는 슬퍼 보였다.

대홍수

동그라미 씨가 자고 있는데, 꿈속에 신이 나타났다.
"동그라미야, 이 세상이 너무나 혼탁하여 다시 대홍수를 일으키려 한다. 너는 노아를 본받아 방주를 만들거라."
퍼뜩 잠이 깬 동그라미 씨는 두려움이 가득 차올랐다. 온 가족을 다 깨워서 말했다.
"큰일이야! 신이 다시 대홍수를 일으킬 거래. 착한 내가 다음 세상을 이끌어 가라시더군."
깊은 밤이었는데도 한 번 깬 잠은 다시 밀려오지 않았다. 그만큼 긴장한 탓이리라.

다음날부터 그는 통나무를 사고, 톱질을 하고, 대패질을 하고, 못질을 하며 시간을 보냈다. 그리고 방주 안에 실을 동물과 식물을 골랐다. 동그라미 씨는 "바퀴벌레는 징그러우니까 빼자."고 생각했지만 바퀴벌레는 이미 방주 구석 틈에 자리를 잡았다.

그리고 세월이 흘렀다. 아무런 일도 없었다. 방주는 쥐와 바퀴벌레의 소굴이 되었다. 힘들게 구했던 코알라 가족은 이미 도망갔다. 동그라미 씨는 가족과 이웃들에게 미친 사람이라고 손가락질을 당했다.

동그라미 씨가 시름에 가득 차 있던 어느 날, 신이 다시 동그라미 씨의 꿈에 나타났다.

동그라미 씨가 거세게 신에게 항의했다.
"도대체 왜 아직도 대홍수를 안 일으키시는 겁니까?"
신이 어리둥절한 표정을 지었다. 그리고 변명조로 말했다.
"이미 대홍수가 나서 인간들이 익사해가고 있더라고."
"네?"
동그라미 씨의 물음에 신이 어깨를 으쓱하며 말했다.
"웬 책들이 그리 많은지! 웬 정보들이 그리 많은지! 세상은 이미 정보의 홍수더라."
동그라미 씨의 좌절을 아는지, 모르는지 신은 말을 마치곤 유유히 사라져갔다.

동굴의 비유

동굴이다. 이 동굴에 있는 모든 사람들은 다 벽을 향해 묶여 있다. 오직 바깥의 빛에 의해 생기는 그림자만 바라볼 수 있을 뿐이다. 태어나서부터 그랬다. 인식할 수 있는 모든 사물은 오로지 그림자뿐이었다. 3차원? 색깔? 촉감? 아무 것도 몰랐다.

네모 씨가 우연히 동굴에서 탈출해서 '진짜 세상'을 목도하고는 놀라서 동굴로 돌아왔다. 그리고 진리란 사실 저런 그림자 따위가 아니라 훨씬 다채롭고 멋진 세상이라고 설파했다.

그러나 네모 씨는 동료들에게는 미친 사람이 되었을 뿐이었다. 플라톤은 이 모습을 목격하고 동굴의 비유를 말했다.

실은 네모 씨가 동굴로 돌아갈 때 같이 돌아간 인물이 한 명 더 있었다. 바로 동그라미 씨다.

"애들아, 밖에는 정말 위대한 세상이 있다니까! 함께 이 밧줄을 풀자. 그리고 밖을 향해, 진짜 자유를 향해 나아가자."

네모 씨가 말했지만 동료들은 시큰둥할 뿐이었다. 네모 씨는 결국 동그라미 씨에게 도움을 청했다.

"동그라미, 도와줘! 사람들이 아무도 내 말을 믿지 않아. 너도 진실을 함께 말하자."

동그라미 씨가 흐릿한 눈빛으로 말했다.

"진실이라는 게 뭐였더라? 보긴 본 것 같은데 기억이 안 나네?"

그는 스스로 밧줄에 몸을 묶고는 벽을 바라보고 있었다.

동그라미 씨는 아마 생각했을 것이다.

'그까짓 아무도 못 알아채는 진실, 아무리 외친들 뭐해. 어차피 판결을 아무도 못 내리는 세상에서 말이야.'

그렇게 그냥 이 세상 사람들과 발맞춰 살아가기로 결심했을 것이다. 그리고 세월이 흘러 아마 진실조차 잊었겠지. 다른 사람들도 모두 다 그렇게 살고 있으니 말이다.

06

어디엔가 있을 희망

208 - 244

―

한없이
꼬이다 보면
언젠가
아름다운 매듭이
되겠지 ❀

기대수명과 평균수명

동그라미 씨가 생일을 맞았다. 다들 축하해주는데 벽돌 씨만이 놀려댔다.

"하하, 자네도 살아갈 연도수가 1년 줄겠군. 삼가 조의를 표하네."

당시, 옆에 있던 네모 씨는 선물꾸러미를 포장하던 중이었다. 그러다가 벽돌 씨의 망언을 듣고는 고개를 들어 그를 노려봤다.

"그런 소리, 함부로 하는 게 아니야. 새로 맞은 생일, 뜻 깊게 보내고 더 멋진 한 해 되자고 다짐해야지. 그게 무슨 소리인가!"

벽돌 씨가 아는 체를 시작했다.

"대한민국 남자들의 평균수명이 75세 정도라네. 그럼 동그라미가 살아갈 해가 오늘로써 1년 줄었어. 불쌍해서 그래. 하하."

벽돌 씨의 웃음에는 고소함이 섞여있었다. 네모 씨가 벽돌 씨의 허점을 잘도 파고들었다.

"그게 바로 평균의 오류지. 인생을 살아가고 있는 사람들에게 평균수명을 들이미는 건 안 맞아. 그보다는 기대수명을 생각해야겠지."

벽돌 씨의 얼굴에 당황이 깃들었다. 네모 씨가 설명을 이어갔다.

"평균을 잴 때에는 유아기 때 죽는 사람도 다 포함되는 거야. 32세 전에 죽은 사람들의 사망 나이도 다 평균수명에 포함된다는 거지."

"그게 무슨 소리야?"

"자네 말대로 한다면 올해 74세인 사람들은 평균적으로 1년 밖에 못 산다는 건가? 아니잖아. 그 분들은 아마 평균적으로 7~8년은 더 사실 거야. 그렇지 않아?"

"그렇겠지."

"꼭 74세만 따질 필요는 없겠지. 32살이 된 사람은 43년보단 더 살 수 있다고 기대할 수 있어. 31살 전에 죽어서 평균수명을 줄인 불쌍한 사람들과 달리, 어쨌든 그는 살아있으니까 말이야. 이리 생각하니 왠지 삶이 더욱 가치 있고 소중하게 느껴지지 않아?"

벽돌 씨가 고개를 끄덕거리며 동그라미 씨에게 미안해했다.

네트워크 정치학

"참 고마운 일이야."

그 좁디좁은 품에 가득하게 통조림을 들고 오면서 벽돌 씨가 말했다. 그의 네모난 얼굴에는 행복한 표정이 가득 흐르고 있었다. 쫙 찢어진 입 사이로 누런 이빨이 보였다.

"무슨 일인데 그래?"

동그라미 씨가 물었다. 그의 눈은 탐욕스럽게 통조림 캔을 향하고 있었다. 말이 끝나자마자 그의 허기진 배 속에서 꼬르륵 소리가 났다. 그 옆에는 담배꽁초들과 콜라 캔 몇 개가 굴러다니고 있었다. 벽돌 씨가 통조림을 하나 동그라미 씨에게 건넸다.

"자선단체에서 주는 거라네."

여기는 빈민촌이다. 말이 빈민촌이지 벽돌 씨나 동그라미 씨 같은 노숙자들도 신세를 지고 있었다. 처음에는 구호품들 덕분에 그럭저럭 살만 했는데, 노숙자들이 점점 많아지면서 수요가 공급을 초과하기 시작한 상황이다. 나라에서 지원하는 구호품들은 턱없이 부족했고 결국 이를 구하기 위해 각종 범죄와 성매매 등이 조금씩 활개치고 있는 상황이었다.

수중에 통조림이 들어오자 동그라미 씨는 허겁지겁 이를 따서는 입 안에 털어 넣었다. 그는 캔에 남은 찌꺼기들을 손가락을 이용해서 퍼먹었는데, 동그라미 씨의 손은 전체적으로 더럽기 그지없으면서도 오른손 검지만은 깨끗했다. 먹을 게 생길 때마다 그렇게 손가락으로 먹은 것이 분명했다. 그가 수저라는 것을 기억이나 하고 있을지 의심스러울 지경이었다.

벽돌 씨가 그런 동그라미 씨를 지긋이 바라보다가 웬 서류를 하나 꺼냈다.

"사인하나 해 주게나. 그럼 캔 하나 더 주지."

마다할 이유가 없다. 동그라미 씨는 부랴부랴 벽돌 씨가 함께 건넨 볼펜을 들고 서류를 봤다. 별 건 아니었다. 그의 연락처와 가족관계, 주민등록상 주소 등을 적는 게 전부였다. 범죄에 사용되는 등의 위험할 일은 없었다.

몇몇 항목을 채운 후 사인까지 마친 후 다시 벽돌 씨에게 건넸다. 그러자 벽돌 씨가 말했다.

"그럼 자네도 자선단체에 가볼 텐가? '빈민당'이라고 하는 곳인데, 가기만 하면 이렇게 먹을 걸 잔뜩 준다네."

동그라미 씨의 귀가 번쩍 뜨였다. 듣던 중 반가운 소리였다. 캔 두 개를 깨끗이 비웠음에도 그의 배는 여전히 허기졌다.

"당연히 가 봐야지. 고맙네, 고마워."

말이 끝나자 벽돌 씨가 동그라미 씨에게 약도를 건네줬다. 어디선가 받아온 약도였다. 깨끗하게 인쇄되어 있었고, 연락처 밑에 '빈민당'이라고 프린트되어 있다.

자리에서 일어나 걸음을 시작한 동그라미 씨의 뒷모습을 벽돌 씨는 흐뭇하게 바라보고 있었다.

"몇 가지 사인만 해 주시면 닭조림 캔 한 박스를 무료로 드려요. 정말 좋은 기회를 맞으신 거예요."

'빈민당'의 안내데스크에 앉아있는 예쁘장한 아가씨가 동그라미 씨를 바라보며 말했다.

"뭘 사인하면 되는 거지요?"

아가씨의 설명이 이어졌다.

"여기는 '빈민당'이라는 건 아시죠? 아무 대가 없이 사회적 약자들에게 자선을 베푸는 곳이죠. 일단 거주지 이전을 하시죠. '빈민당'은 이 지역구에 사시는 분들께만 구호품을 나눠드립니다."

오랜 시간이 필요하지 않았다. 놀랍게도 '빈민당' 안에 동사무소 대행 컴퓨터가 있었고 주소 이전하는데 불과 3분도 채 안 걸렸다.

"이제 됐나요? 저 배고픈데요."

동그라미 씨가 다시 아가씨에게 다가가 말했다.

"네, 되셨습니다. 다만 아무 대가가 없다 보면 안 좋은 일도 종종 생기거든요. 그래서 약간의 서약서 같은 것을 받고 있어요. 일단 사회활동을 하셔야 하는 의무가 있습니다."

"저는 직업도, 재산도 없는데요. 그런데 무슨 사회활동입니까?"

"당적을 만드시면 됩니다. 아무 정당이나 다 괜찮지만 현재 활동하는 정당들 중 일단 입당비를 받지 않는 곳은 오직 '빈민당'뿐입니다. 이곳에 가입하시면 되요."

"전 '빈민당'을 안 좋아하는데요. 사회복지 정책이 영 형편없던데."

"그러면 자선 구호품을 못 받으시는데요."

무슨 선택의 여지가 있겠는가? 동그라미 씨는 어쩔 수 없이 '빈민당'에 가입해야 했다.

아가씨가 서류를 쓱 보고는 고개를 들지도 않은 채 말을 이었다.

"네, 입당 완료되었습니다. 최소 20년은 '빈민당' 당원으로 활동하셔야 합니다. 다음 서류는 정치활동 서약서입니다. 다음 총선 때 '빈민당'의 후보를 지원하겠다는 서약서이지요. 공개적인 선거운동을 하셔야 할 의무도 있습니다."

"네? 아니 그게 구호랑 무슨 관계죠?"

"저희 '빈민당'은 사회활동을 해야만 구호를 해 드리는데, 입당만으로는 사회활동이 보장되지 않기 때문입니다."

"허허, 이거 참."

이왕 이렇게 된 것, 이제 와 발을 빼기도 힘들다. 동그라미 씨는 포기한 듯 기계적으로 서류에 사인했다.

내년으로 다가온 다음 총선 때 동그라미 씨는 별 선택의 여지없이 이 지역구의 '빈민당' 후보에게 투표하게 생겼다. 사인을 마친 그를 보면서 아가씨가 방긋 웃었다. 그리고 기계적으로 외운 듯한 대사를 입에 읊기 시작했다.

"이제 마지막입니다. 정치활동 서약서까지 쓰셨으니 이제 당원 모집 활동에도 나서셔야 합니다. 만약 그러지 않으면 모든 구호품을 5배로 배상하겠다는 각서를 마지막으로 쓰시면 됩니다."

"앗! 그건 싫은데? 부담스러워요."

"그러면 방금 쓰신 정치활동 서약서의 효력으로 인해 형사 처분 받으시는데요."

아가씨의 말이 끝나자 뒤통수를 맞은 느낌이 들었다. 정신이 혼미해지는 느낌까지 들었다.

동그라미 씨가 혼란스러워하자 아가씨가 그럴 줄 알았다는 듯 입을 열었다.

"너무 걱정하지 마세요. 당원을 직접 모집 안 하셔도 됩니다. 여기로 오게만 하셔도 됩니다. 다만 데려오신 분의 인적 사항을 적어놓으셔야 저희가 당신이 데려온 사람이라는 것을 알 수 있죠. 여기 인적 사항 기록 서류에 최소 10명 이상 사람들 이름을 적어오세요. 그리고 반드시 그 사람들이 '빈민당'에 오셔야 합니다. 기한은 일주일입니다. 안 그러면 형사 처분 되십니다. 자, 이제 다 끝났습니다. 여기 닭조림 캔 받아가세요."

박스를 품 안에 챙기자마자 마치 깜빡 잊었다는 듯 아가씨가 20개의 캔을 그의 박스 위에 더 얹어놓았다.

"이건 다른 사람들 선물용으로 쓰세요. 당원 모집에 유용하게 쓰이실 겁니다."

동그라미 씨는 완전히 속은 느낌이 들었다. 그러나 때늦은 일이었다. 게다가 당장 품 안에 생긴 캔들이 그의 판단력을 흔들어놓았다. 좋은 게 좋은 거 아니겠냐는 생각까지 들었다. 아무래도 상관없었다.

아가씨가 손을 흔들며 그에게 인사했다.

"꼭 성공하세요."

그런 그녀가 갑자기 밉게 느껴졌다. 발을 돌려 '빈민당'을 나서려는 찰나 벽돌 씨와 마주쳤다. 그의 손에는 10장의 인적 사항 서류가 들려 있었다. 벽돌 씨가 겸연쩍은 듯 인사도 하지 않고 그를 스쳐 지나갔다. 이제 벽돌 씨의 뒤를 이어 당원 모집책에 동그라미 씨가 활약할 터이다. 아마 벽돌에게 속은 다른 몇 명이 더 있겠지.

빈민촌으로 돌아오자 네모 씨가 보였다. 배고파 보였다. 동그라미 씨가 그에게 살살 다가갔다.

"참 고마운 일이야."

그 좁디좁은 품에 가득하게 통조림 캔을 들고 가면서 동그라미 씨가 말했다. 그의 동그란 얼굴에는 행복한 표정이 가득 흐르고 있었다.

최고 엘리트 클럽

동그라미 씨의 신분 위장은 완벽했다. 위조 주민등록증은 정부기관에 직접 조회 해봐도 아무런 문제가 나타나지 않을 터였다.

그의 모든 것이 위조였다. 위조 유학 졸업장, 위조 운전면허증, 위조 경력으로 감싸인 그는 겉보기에는 굉장한 엘리트였다. 위조지폐로 번듯하게 자신을 꾸미는 데까지 성공한 그에게 진짜는 오직 명품 의류들뿐이었다. 심지어 얼굴도 위조였다. 위조 전문가 벽돌 씨는 공장에서 벽돌을 찍어대듯 동그라미 씨가 원하는 모든 위조 물품들을 다 만들어 주었다.

그가 목표한 것은 나라의 최고 엘리트 모임인 '최고 엘리트 모임'이라는 곳에 가입하는 것이었다. 여기에만 일단 가입하면 면책 특권이 생기는 데다 좋은 며느리도 분명 얻을 것이었다. 그뿐인가? 권력 핵심으로 가는 것도 아주 쉬울 것이었다.

물론 그의 위조 주변장치들은 그의 목표를 쉽게 이루게 해 주었다. 그는 아주 쉽게 최고 엘리트 모임에 가입했다.

동그라미 씨는 그제야 알았다. 벽돌 씨가 바로 그 '최고 엘리트 모임'의 회장이라는 것을 말이다.

메시아의 목소리

미카엘, 마이클, 마이, 미카 등 그의 이름은 여러 가지다. 명색이 메시아인데, 특별히 어느 나라 사람 이름으로 부르기는 그렇다. 다만 그는 미카엘 대천사가 지상에 현신한 것이므로 여기서는 미카엘로 통일하자. 미카엘 대천사는 아마겟돈 직전의 세상을 구원하라는 신의 명령을 받아 지구에 내려온 것이다.

그는 세상에 아마겟돈이 찾아오기 17년 전 태어났다. 태어나면서 동방 현인들의 축복을 받았다. 성인들은 그를 도탄에 빠진 중생들을 구할 인물로 예언했다. 불교 문화권에서는 미륵불이고, 기독교 문화권에서는 메시아다.

메시아가 야훼나 예수가 아닌, 대천사 미카엘이 현신한 것이라는 말은 삼위일체론과 어긋나기에 위험한 발언이지만, 아무튼 그랬다.

그런 운명을 타고 났기 때문에 미카엘은 14살 때부터 주변 사람들에게 곧 다가올 최후의 심판에 대해 얘기했다.

"인간은 신의 형상을 본 따서 만들어진 존재이지만 에덴에서 쫓겨나면서 속이 텅 비었다고 할 수 있습니다. 그 속을 채우기 위해 우리의 본래 형상인 신을 마음에서 받아들이십시오."

"항상 사랑하십시오. 이웃을 아끼십시오. 여러분의 행복은 바로 여러분 안에 있습니다. 결과를 보지 말고 과정에 최선을 다 하십시오. 구원은 그렇게 열립니다."

미카엘의 말은 그야말로 씨도 먹히지 않았다. 생각해 보라. 기껏해야 나이 15살 내외 중학생이 와서 올바른 말들을 하는데 어른들이 이를 어찌 생각하겠나.

"지 까짓 게 얼마나 대단한 놈이라고. 싹수가 아주 노란 놈이군."

혀를 끌끌 찼다. 동그라미씨도 그랬다. 네모씨도 그랬다. 벽돌씨도 그랬다.

미카엘은 한탄했지만 다 어쩌겠나. 지혜의 권위가 성찰과 사색에 기반을 두지 않고, 권력과 부에 기반을 둔 세상이다.

한 번은 미카엘이 거대 인파가 모인 집회 현장에서 분연히 일어나 마이크를 잡으려 한 적이 있다. 사회자가 이렇게 말했기 때문이었다.

"시민 누구나 나와서 자유발언 하세요."

그러나 막상 미카엘이 나서자 사회자가 그의 뒤통수를 철썩 때리며 말했다.

"이놈! 어린놈이 어디서 감히."

그리고 마이크는 다른 사람에게 넘어갔고 미카엘은 행사 진행 요원들에게 붙잡혀 무대에서 퇴장을 당해야 했다.

감사의 행방

다가올 아마겟돈에 대비해 지상에 현신한 메시아, 미카엘.
 도탄에 빠진 중생들을 구하기 위해 나섰다. 미카엘은 많은 기적을 행할 능력이 있었다. 명색이 메시아인데 질병 치유능력 정도는 당연히 갖추고 있었다.
 길을 가다가 앉은뱅이가 된 강태공을 보고 말했다.
 "할아버지, 제가 고쳐드리겠습니다."
 미카엘이 손을 내밀어 강태공의 다리를 어루만지자 갑자기 벌떡 자리에서 일어났다. 미카엘이 뿌듯해하며 말했다.
 "기분이 어떠세요?"
 "되게 금방 낫네?"
 "그럼요. 제가 메시아거든요."
 "별 거 아니었구먼. 괜히 여태 고생했네. 이렇게 쉽게 고치는 걸."
 강태공은 말을 마치곤 유유히 뒤돌아 자기 갈 길을 갔다. 미카엘에 대해 고마워하는 기색이 별로 없었다.
 이런 일은 몇 번이고 계속 반복됐다. 너무 빨리 병을 고쳐주면 사람들은 되레 고마워할 줄을 몰랐다. 고생 고생해서 병을 고쳐야 자기가 이렇게 힘들었노라고, 그런데 이제 다 나았다고 자랑할 줄 아는 게 사람이었다. 너무 쉽게 뭔가에 성공하면 그 사람은 소중함을 되레 몰랐다. 당연히 미카엘에 대한 고마움도 없었다.

똑똑한 미카엘도 이 사실을 금세 깨달았지만 그렇다고 기적의 메시아가 병을 천천히 고쳐주기도 민망했다. 명색이 메시아인데.

아래와 같은 일도 많았다. 지나가다가 도미노 장군이라는 한 정치인을 봤는데 열심히 유세 중이었다. 그런데 미카엘의 눈에는 보였다. 도미노 장군의 몸속에서 커다란 암세포가 자라고 있었다. 미카엘은 예의 바르게 도미노 장군이 유세가 끝나길 기다린 후 접근을 시도했다. 경호원들이 미카엘을 가로막았지만 메시아의 힘으로 다 물리치고 결국 말을 거는데 성공했다.

"후보님, 급히 드릴 말씀이 있습니다."

"뭐요? 난 바쁘니 용건만 간단히 하시오."

"지금 간암이 급격히 자라고 있습니다. 고쳐드리려고요. 잠시만 시간을 주시지요."

도미노 장군이 화를 버럭 냈다.

"뭐요? 이 사람이! 난 매우 건강한 사람이오. 그런 말은 다신 입 밖에 내지 마시오. 재수 없게. 이봐, 뭣들 해! 이 놈 끌어내."

결국 미카엘은 경호원들에게 끌려가게 됐다. 이랬다. 사람은 자기

약점을 인정할 줄을 몰랐다.

 딱 한 번, 미카엘의 치료가 기적임을 깨닫고 진심으로 고마워한 사람이 있었다. 바로 벽돌 씨다. 벽돌 씨는 19세 미만 금지인 어떤 병을 앓고 있었는데, 미카엘이 한 번에 싹 고쳐주었다. 벽돌 씨는 눈물을 흘리며 미카엘의 손을 부여잡고 울부짖었다.
 "메시아시여! 정말 고맙습니다. 이제 여성들 앞에서 위축될 일이 없습니다. 이 고마움을 어찌 표현해야 할지요. 내일 시간 되시는지요?"

"내일이요? 무슨 일로다가."

"정말 술 한 잔 제대로 사겠습니다. 병도 나은 김에 룸살롱이라도 가야겠어요. 꼭 시간 좀 내 주세요."

"그러죠. 거긴 조용해서 좋죠. 다른 할 얘기도 많고."

약속을 잡았는데, 그 다음날이 되자 하필이면 미카엘이 시간이 여의치 않았다. 서로 통화를 한 후 약속을 하루 늦췄다. 그런데 그 다음날에는 벽돌 씨가 시간이 없었다. 급박한 출장이 잡힌 것이었다. 결국 3일째 저녁이 되어서야 둘은 다시 만날 수 있었다.

그 동안 벽돌 씨의 태도는 변해 있었다.

"정말 고마웠지요. 소주나 한 잔 하시죠?"

"아니, 처음엔 분명 양주라고. 일반 소줏집은 시끄러운데."

"조용한 곳을 압니다. 그리고 메시아가 무슨 룸살롱이에요."

그렇게 둘은 근처 싸구려 포장마차에서 골뱅이무침에 각 1병씩 소주를 먹고 헤어졌다. 벽돌 씨는 술값으로 나온 1만 8천원도 아까워했다. 세상이 이랬다. 작심삼일이라는 말이 꼭 새해 각오에만 해당되지는 않았다.

짊어져야 하는 것

한가로운 오후, 공원에 여러 가족들이 옹기종기 모여 앉아 소풍을 즐기고 있었다. 산책하던 미카엘이 갑자기 헛것이 보여서 눈을 막 비비기 시작했다. 동그라미 씨가 걱정하며 물었다.

"무슨 일이야? 뭐라도 들어갔어?"

"이상하네. 갑자기 아빠들의 어깨에 엄청난 짐들이 얹혀있는 착각이 드네. 어라! 동그라미야. 네 어깨에도 꽤 무거운 짐 더미가 보이는데?"

"그게 무슨 소리야. 겁나게."

지켜보던 벽돌 씨가 아하 하며 고개를 끄덕였다.

"역시 천사구나."

교훈 적용법

"시작은 미약하나, 끝은 창대하다고 했지. 힘내."
동그라미 씨가 새로 치킨 사업을 시작하자 벽돌 씨가 격려했다.

"원래 용두사미라는 말이 있잖아. 힘내."
몇 달 안지나 끝내 사업에 실패한 동그라미 씨를 위로하며 벽돌 씨가 말했다.

희망을 바라볼 자격

"자네는 좌절만 하고 살았군."

술을 퍼 마시며 신세를 한탄하던 동그라미 씨를 네모 씨가 위로했다. 동그라미 씨의 얼굴이 더욱 붉어졌다.

"너무 괴로워. 너무 아파. 어떻게 해야 할지 모르겠어. 내 인생은 왜 이 모양 이 꼴인 건가?"

"모두가 다 그런 생각을 하고 살아. 그런 괴로움이 인생의 한 부분인지도 모르지."

"희망이란 없다는 건가?"

"아니, 아무리 괴로워도 살아가야 한다는 것, 그렇게 한없이 꼬이다 보면 언젠가 아름다운 매듭이 될 거야. 안 될 수도 있지만."

네모 씨는 동그라미 씨를 위로하고 있는 걸까?

여행의 의미

겨울철 어느 눈 오는 날, 여행을 떠나는 동그라미 씨.

비처럼 가득 눈이 내리던 그날 밤, 아이들은 밖에서 눈싸움을 한답시고 벙어리장갑을 끼고 뛰어나가고, 하이힐 신은 아가씨들은 종종 잔걸음을 걸었다.

세상이 하얘진 것 같은 착각은 그리 오래 가지 않는다. 그렇다고 세상이 흑색이냐 하면 그렇지도 않다. 원래 세상은 이런저런 색으로 가득 물들어 있다. 거기에는 희망의 색깔이 있는가 하면, 어딘가에는 무거운 회색의 절망이 가득 차있고, 다른 곳에는 핏빛 공포가 엄습하고, 또 다른 곳에는 하늘빛 착한 마음도 있다. 그것이 바로 다원주의며 다양한 개성이며 혼란이다.

눈으로 덮여서 새하얀 거리는 지나가는 자동차, 거친 구둣발에 짓이겨 물컹물컹 점점 지저분해지는데, 그 순간만큼은 거뭇하게 물드는 것처럼 보이지만, 사실 그 안에 또 다양한 빛깔들이 넘쳐흐르고 있다. 가끔 피어오르는 거품 속에 비추는 스펙트럼에서 보이는 일곱 색깔 무지개. 비 온 뒤 마치 올가미처럼 하늘에 목을 매는 무지개의 본래 의미처럼 이 소소한 무지개조차 곧 터져버릴 공포에 시달리지만, 눈들은 죄가 없다. 세상과 사회와 인간들이 눈들을 더럽히는 것이니 죗값은 누구에게 물어야 하는가? 아마도 눈은 이렇게 말 할지도 모른다.

'나도 하늘에 있을 때는 하염없이 맑고 청명한 존재였는데, 땅에 내려와서 이렇게 지저분해지고, 더럽혀졌다. 땅은 내게 맞지 않는다. 땅은 내게 공포며, 절망이다. 죽음에 이르는 병이다. 차라리 태양아. 계속 나를 녹이고 증발시켜 다시 하늘로 올려다오. 남극에 가서 만년설로 살아가는 게 나한테 더 맞는지도 모르겠다. 땅을 떠나 영원한 순결로. 그것이 내 유일한 희망이다.'

눈의 조용조용한 독백. 이를 귀 기울여 들은 사람은 오로지 네모 씨뿐. 바로 옆에 있었음에도 동그라미 씨에게는 전혀 들리지 않았다. 듣고 싶은 것을 듣는 것이 사람이라면, 듣기 싫은 것은 들리지 않을 것이다. 게다가 들을 의지가 없어도 들리지 않는다.

우연히 절망의 밤 다음날, 동그라미 씨는 여행을 떠날 마음을 먹었는데 왜 혼자 여행을 가려 하는가?

고독함은 자기 자신과 직면하기 위해 스스로 혼자 남는 것이다.

외로움은 자기 빈자리를 채우던 사람을 떠나보내 공허한 것이다.

심심함은 고독이나 외로움으로 가장한 인간의 조급함이다.

그렇다면 동그라미 씨는 무엇을 만나려, 무엇을 채우려, 무엇을 비우러 떠나는 것일까.

　동그라미 씨가 여행에서 채울 것은 아마도 무료함이겠지만, 스스로는 고독해지기 위해 떠난다고 위무慰撫했다. 동그라미 씨의 말을 듣고 네모 씨가 눈의 이야기를 들려주었다. 눈이 얼마나 이 땅에서 고통 받고 있는지. 동그라미 씨의 마음은 한없이 부풀어 올라 풍선처럼 하늘로 솟아오를 것처럼 거대해졌다.
　"그래, 나도 하늘로 날아가야겠어. 인간은 본시 하늘에서 내려온 게 아니었던가? 그러하기에 인간이 지구에서 거칠어진 마음을 하늘을 통해 위로 받으려는 것이 아닌가? 그것이 바로 여행 아니겠는가."
　그리고 어설픈 시조를 한 수 늘어놓는 것이다.

　대지에 머무르며 이 마음 괴로우니
　본질로 떠나고파 여행을 마음먹네.
　세상아, 기억해다오. 동그라미 낭만을.

　동그라미 씨의 잔잔한 독백이 끝나자 네모 씨가 옷매무새를 바로하고는 비꼬았다.
　"너는 어떻게 된 게 시를 써도 비유 하나 없나? 정말 별로인 시군."
　동그라미 씨가 뒤통수를 긁적거리며 말했다.

"그랬나? 그냥 눈의 마음이 너무 와 닿아서 그랬어. 훌쩍 떠나고 싶은 그 마음, 자네가 들려줬잖아."

"자네는 눈이 아니잖아. 종교는 인민의 아편이라고 칼 마르크스가 말했지. 종교뿐이겠나. 영생을 바라고 구원을 바라는 모든 마음이 지상에 기초한 게 아니기에 인간은 영생할 수 없고 구원받을 수 없어. 영생과 구원은 사전적 의미로는 아니겠지만, 어쨌든 사실 바로 우리가 발을 딛고 살아가는 이 가이아Gaia 지구에서 찾아봐야 하는 거라네."

네모 씨가 말을 마치자 동그라미 씨는 얼굴이 더욱 우울해졌다.

"네 말은 항상 어려워. 그냥 난 떠나서 마음을 쉬고 싶을 뿐이야. 구도자로 살고 싶은 게 아니라고."

그래도 네모 씨는 알고 있다. 동그라미 씨가 여행을 떠난다고 얼마나 마음을 편하기 쉬고 오지 못할지. 올가미 자체가 이미 생활과 핍박과 착취의 고리에 걸려서 길게 동그라미 씨의 마음에 얽혀 있다. 그가 500km를 달려간다고 해도 이 지긋지긋한 고리는 꼭 그만큼 늘어나서 연속적으로 걸려 있을 것이다. 몸과 마음이 결코 다른 것은 아니기에, 몸이 떠나면 마음도 떠나리라 믿고 사람들은 여행을 떠나지만, 사실 마음의 짐은 훨씬 거대하고 묵직하다. 몸이 떠나면 마음이 떠난다는 명제의 대우명제를 생각해보면, 마음이 떠나지 못하면 몸도 떠나지 못 하는 게 된다. 그런데 이 세상에서 떠나는 사람은 마음이 떠나지 못했는데 몸을 떠나보낸다. 진짜 의미의 여행이 아니다.

결국 동그라미 씨는 전화기를 챙겨서 떠나는 것이다. 혹시 무슨 급한 일이 생길까 봐. 그러니 마음이 떠나지 못한 것. 몸만 떠나니 마음이 쉴 수야 있으랴. 더 신경 쓰이고 더 귀찮을 수많은 짐들을 그냥 마음에 들고서 동그라미 씨는 떠난다. 그래서 동그라미 씨의 여행에서 그의 마음은 제대로 쉬지를 못한다는 얘기다.

아무리, 어떻게 해도, 무슨 수를 써도, 절대로, 마음이 세상을 떠날 수 없다면 그냥 충실해라! 현실에 기반하여 꿈을 꾸라. 네모 씨는 그렇게 생각했다.

어느 알바트로스의 추락

동그라미 씨는 풍선이 되기로 마음먹었다.

"어차피 이 세상에 적응 못하고 사는 것, 저 하늘 위로 멀리멀리 날아가 버리자."는 마음가짐이었다.

"네모, 내게 바람을 불어넣어줘. 난 이 썩은 세상에서 떠나 혼자 살 거야."

네모 씨가 장광설을 늘어놓기 시작했다.

"보들레르라는 시인이 말했지. 알바트로스가 걷지 못하는 것은 큰 날개 때문이라고. 알바트로스의 이상은 하늘을 날아야 하는 것임에도, 범선의 선원들은 그가 걷지 못한다고 놀려댔어. 걷는 행위는 속세의 행동일 뿐인데. 자네 마음을 난 이해해. 자네의 큰 이상이 마음껏 하늘로 날아오르길 바라네."

네모 씨가 말을 마치고 동그라미 씨의 몸에 바람을 후후 불어넣었다. 몸이 점점 커지기 시작했다. 몸이 가벼워지는 느낌이 얼핏 들자마자 그의 몸이 하늘로 치솟아 붕 떴다. 동그라미 씨가 신이 나서 외쳤다.

"봐! 내가 하늘로 향하고 있어. 나는 절실히 느낀다네. 중력이 인간의 몸뿐 아니라 마음까지 사로잡고 있었다고 느끼네."

"그게 무슨 말이야?"

"썩은 정신을 뒤바꾸기 위해서는 대기권을 탈출할 만큼 커다란 에너지가 필요하다고 누가 말했어. 그런데 우리는 중력에 붙잡혀 살아서 정신을 바꾸기가 매우 힘들다는 거야. 그런데 나를 보라고! 나는 도형에서 마침내 중력에 얽매이지 않는 풍선이 되었어! 드디어 정신의 자유를 얻은 거야!"

점점 하늘로 멀어져 가는 동그라미 씨를 올려다보며 네모 씨는 이제 목소리를 아주 높여야 했다.

"친구! 조심하길 바라네! 이카루스는 밀랍으로 붙인 날개를 달고 신나게 하늘로 치솟아 오르다 밀랍이 태양열에 녹아서 떨어져 죽었어!"

"그건 명백한 오류지! 대기는 올라갈수록 온도가 낮아진다고!"

"아! 그도 그렇군."

"나는 걱정 말게나! 난 저 창공에서 알바트로스처럼 자유롭게 하늘을 날고, 속세와 얽매이지 않은 채 삶을 살아갈 거야!"

네모 씨의 눈에 눈물이 맺혔다. 친구가 드디어 삶의 방향을 찾았다는 사실이 무척 기뻤지만 또 그와 헤어지는 것이 슬펐다.

모든 일은 그 눈물이 채 마르기도 전에 일어났다. 위로 올라갈수록 점점 공기가 희박해졌다. 동그라미 씨의 몸이 갑작스레 커다랗게 팽창하기 시작했다. 동그라미 씨의 얼굴이 보기 흉하게 일그러졌고, 그 일그러진 얼굴로 비명을 지르기도 전에 그만, 빵 터져 죽었다. 빵 소리가 대기 가득히 퍼져나갔고, 뒤를 이은 것은 네모 씨의 슬픔에 가득 찬 비명소리였다.

도미노 황제의 죽음

자신의 눈이 미치는 모든 곳을 정복한 도미노 황제는 이제 남부러울 것이 없었다. 처첩도 수백 명에 이르렀고 모든 신하들과 백성들은 자신에 대한 충성을 맹세하고 있었다. 모든 것을 이뤘을 당시 그의 나이는 64세였다. 젊은 날을 전쟁, 정복에만 몰두해온 터였다.

이제 그의 소원은 단 하나였다. 영원히 사는 것. 그는 자신의 권세를 세상에 놔두고 떠나기엔 너무나 아쉬운 일이라고 생각했다. 인생을 제대로 즐기지도 못했는데 벌써 나이를 이렇게나 먹다니! 황제는 당연히 자신이 영원히 살아야 한다고 생각했다. 그러나 그 방법을 도무지 못 찾고 있었다. 세상의 명의란 명의들은 다 불러봤지만 아무런 소용이 없었다. 바벨탑을 세워서 신이 되려고 노력한 적도 있지만 헛고생만 한 터였다.

그러던 어느 날, 도미노 황제의 꿈에 미카엘 대천사가 나타났다.

"도미노 황제여, 만약 당신이 영원히 살고 싶다면 방법을 가르쳐주겠노라. 이 세상에서 행복한 삶을 살고 있는 사람의 머리카락을 한 가닥 자네 베갯머리에 놔두면 당신은 영원한 삶을 얻을 뿐 아니라 오히려 점점 젊은 날로 돌아갈 걸세."

번뜩 꿈이 깬 그는 뛸 듯이 기뻐했다.

"그래, 이제 행복한 사람만 찾으면 되는군. 그건 아주 쉬운 일이지."

당장 신하들을 불러 모아 명령했다.

"당장 행복한 사람을 찾아오라. 찾아오는 이에게 큰 상을 내리리라."

신하들은 이 말을 듣고 모두 자신의 부하들에게 행복한 사람을 찾으라는 명령을 내렸다.

대략 50여명 정도 되는 사람들이 행복한 사람을 찾기 위해 전 세계를 누비기 시작했다. 그러나 스스로 행복하다고 말하는 사람은 어디에도 없었다.

위대한 학자가 된 네모 씨를 찾아가면 그는 이렇게 말하는 것이었다.

"지금도 저는 의문이 풀리지 않습니다. 저는 평생 한 번도 행복한 적이 없습니다."

큰 부자인 벽돌 씨를 찾아가 사연을 말하면 그는 이렇게 말하는 것이었다.

"저는 몹시도 불행합니다. 제 재산을 노리는 친척들이 저를 불행하게 해요. 만약 그런 방법이 통한다면 저도 당장 행복한 사람을 찾아 나서야겠군요."

하다못해 천진난만한 아이들을 만나도 이런 대답이 돌아왔다.

"저는 절대로 행복하지 않아요. 아버지가 공부 못한다고 매일 저를 꾸지람하시는걸요."

그렇게 1년이 지났다. 도미노 황제는 애가 탔다. 행복한 사람을 단 한 명, 단 한 명만 찾으면 영원한 삶을 살 수 있을 텐데. 그 아주 쉬운 일을 못 하고 있다는 것이 너무나 화가 났다. 그는 부하들을 늘렸다. 행복한 사람을 찾는 사람만 무려 200여명에 달했다.

그러나 행복하다는 사람은 어디에도 없었다. 2년이 지났다. 3년이 지났다. 10년이 지났다. 늙은 황제는 이제 자신의 수명이 점점 다해 가고 있다는 사실을 깨닫고 있었다. 그렇지만 그는 결코 희망을 놓지 않았다. 200여명의 부하들은 500여명으로 늘어났고 이들은 전 세계 각지에 흔적을 남기며 행복한 사람을 찾아 헤맸다.

20년이 지났다. 황제는 이제 84세였다. 천수가 다가오고 있었다. 그는 침대에 누워 고통을 인내하며 행복한 사람을 찾았다는 소식이 들려오기만을 기다리며 삶을 살아가고 있었다. 그러나 소식은 전혀 들려오지 않았다.

그 날이 왔다.

"그렇게 간단한 일조차 이루지 못하다니. 나는 참으로 불행한 사람이로구나!"

도미노 황제는 이불에서 피를 토하며 쓰러졌다. 그리고 그는 삶을 마감했다.

SB-18호의 최후

 108명의 승무원을 태운 초대형 우주선 SB-18호가 지구를 떠난 지도 벌써 13년이 다 되어간다. 승무원들은 사랑하는 가족들의 울음 섞인 환송을 뒤로 한 채 새로운 보금자리를 찾기 위해 기약 없고 무모한 실험에 참가했다. 토성을 지나며 그 멋진 고리가 정말 가스덩어리라는 것을 확인하며 감탄하던 게 엊그제 같은데, 어느덧 해왕성이 가까워져 오고 있으니 그만큼 긴 여행이긴 했나 보다. 그래도 이 얼마나 멋진 일인가! 자신들은 지금 인류 역사상 가장 멀리까지 항해한 사람이라는 기록을 갖게 됐다. 아마 달에 최초로 발을 디딘 암스트롱보다 더 유명하고 숭고한 사람으로 남을 것이다.

 뿌듯한 상상을 하던 선장 네모 소령은 위급함을 알리는 경보음을 들었다. 빽빽대는 소리가 귀에 거슬렸지만 네모 소령은 크게 개의치 않았다. 사실 귀에 무슨 소리가 들리는 것조차 오랜만이었다. 천장에 달린 커다란 상황 스크린을 바라보니 달의 3배는 됨직한 커다란 소행성이 그들에게로 다가오는지 점점 커져만 갔다. 승무원들은 조금은 긴장된 얼굴로 네모 선장을 쳐다봤다.

'그 동안 많은 위기가 닥쳤지만 나의 훌륭한 판단과 지혜로운 우리 승무원들의 유기적 협조 속에 모두 극복해왔다. 저런 소행성 피하는 것쯤이야 뭐.'

네모 소령은 보일 듯 말 듯 한 미소와 함께 주변 승무원의 시선을 의식하며 능숙하고 재빠른 실력으로 키보드를 두들겼다.

'조타수는 항로를 왼쪽으로 4.8도 틀어주기 바람.'

그리곤 아무 일도 아니라는 듯이 다시 공상에 빠져 들었다.

사실 이들은 처음 몇 번을 제외하고는 함께 대화를 나눈 적이 없었다. 13년 가까이 말을 꺼낸 적이 없었던 것이다. 모든 것은 내부 망을 통한 채팅으로만 진행됐다. 모든 채팅들은 다 우주선의 ROM 회로에 자료로써 저장되었고 입에서 나오는 음성언어를 통한 명령은 비공식적이란 이유로 무시됐기 때문에 그들은 말하지 않는 연습을 해야 했다. 처음엔 번거로웠지만 지금은 타이핑에 의한 대화에 더 익숙해져 있었다. 소령이 타이핑한 글자는 내부 망을 거쳐 31m 앞에 있는 조타수 동그라미 중위의 모니터에 보였다. 동그라미 중위는 즉시 '네'라고 타이핑한 후 선장에게 보냈다. 그리고 나서 항로를 틀기 시작했다.

그러나 참 안타까운 실수였다. 네모 소령은 실로 오랜만에 오타를

쳤는데, '왼쪽'이란 글자를 '온쪽'이라고 잘못 보낸 것이었다. 동그라미 중위는 '온쪽'이 '오른쪽'을 말하는 거겠거니 했다. 그래서 항로를 오른쪽으로 돌렸다. 소행성을 피하는 왼쪽 방향으로 틀었으리라 생각하며 스크린을 바라보던 네모 소령은 뱃머리가 오히려 오른쪽으로 돌아가는 모습을 봤다.

네모 소령의 얼굴이 하얗게 질리기 시작했다. 그리고 손을 키보드로 올렸다.

"조타수, 동그라미 중위! 뭔 짓이야? 왼쪽이라고 했잖아!!!!!"

동그라미 중위는 네모 소령의 글을 보고 고개를 갸우뚱하면서 답신을 보냈다.

"아니, 오른쪽이라고 하지 않으셨습니까?"

"왼쪽이라고 했잖아! 죽고 싶어 환장했나? 어서 빨리 배를 돌려!!"

"방금 오른쪽으로 돌렸기 때문에 다시 배를 돌리려면 항해장님의 승인이 필요합니다. 항해장님께 허락을 받아주세요"

둘의 키보드 치는 속도가 점점 빨라지기 시작했다. 다른 승무원들의 얼굴에는 별로 변화가 없었다. 보안상 둘이 나누는 대화는 둘만 보고 있었기 때문이다. 그러다 보니 다른 승무원들은 그냥 소행성이 점점 커지는 것만 바라보고 있을 뿐이었다.

네모 소령이 머리에 송골송골 맺힌 땀을 닦으며 키보드를 다시 치기 시작했다.

"항해장! 배를 돌릴 수 있게 자네 승인이 필요하네. 빨리 동그라미 중위가 키를 돌릴 수 있게 승인을 내리게."

항해장인 벽돌 대위가 모니터에 뜬 글자를 보는 데 1분 18초의 시간이 걸렸다. 새 항로를 초기 설정할 때가 아니면 자신을 호출한 적이 없던 터라 그는 정신없이 계속 스크린에 점점 커지는 소행성을 신기한 듯 바라보고 있었던 것이다. 12m 뒤에 있는 소령이 연신 팔을 휘둘렀는데도 벽돌 대위는 알지 못했다.

뒤늦게야 모니터를 확인하고 놀란 벽돌 대위가 온갖 승인 시스템을 거친 후 동그라미 중위에게 키 작동 허가승인을 내리기까지 무려 52초가 걸렸다. 모든 것은 키보드와 모니터 상으로만 이뤄지고 있었다.

너무 늦어버렸다. 원래는 여유가 있었지만 처음의 실수 이후 후속 조치 때까지 무려 3분 34초라는 너무 오랜 시간이 걸린 탓이었다. 소행성은 이제 우주선 18km까지 근접해 있었다. 아무리 빨리 조치를 취해도 피할 수가 없었다. 아직 이 위급한 상황을 아는 승무원이 별로 없었다. 선장이 공식적으로 모니터에 알리지 않은 탓이었다. 방금 전의 위기상황에서조차 철저히 몸에 배인 타이핑 습관은 지워지지 않았고 어처구니없게 3분 34초를 소모했다.

네모 소령은 마지막을 직감했다. 동그라미 중위를 찢어죽이고 싶었지만 어차피 죽을 터였기에 놔두기로 했다.

'다른 동료들에게 알리지는 말아야겠다. 그러면 혼란만 생기겠지?'

막중한 책임감을 느끼며 흘깃 주변을 돌아보니 벽돌 대위와 동그라미 중위만 자신을 바라본 채 어찌할 바를 모르고 있었다.

네모 소령은 가만히 눈을 감았다. 지구에 남겨둔 가족들이 떠올랐다. 눈에서 자연스레 눈물이 흘렀다. 네모 소령이 눈물을 훔치곤 키보드에 손을 올려놨다. 그리고 한 글자 한 글자 정성스레 타이핑을 치기 시작했다.

'으.

아.

악.'

에필로그

 다들 마찬가지겠지만 작가에게도 저열한 욕망과 계산, 비겁함이 있다. 이걸 벽돌 씨라고 이름 붙였다. 또한 작가에게도 수줍어하는 모습과 근거 없는 낭만, 우물쭈물함이 있다. 그게 바로 동그라미 씨다. 이들을 경계하는 작가의 이성, 냉철함, 도덕성 같은 거, 그게 또 누구한테나 있다. 그건 네모 씨라고 보면 된다.
 이렇게 생각하면 편할 것이다. 모든 사람이 다 가진 다중성이 도형들로 환생해 시공간을 넘나들며 보여주는 이야기들이라고. 그리고 걔네들이 각자의 개성을 마음껏 발휘하면서 펼쳐내는 이야기들. 그것이 바로 이 해괴한 우화집 《동그라미 씨의 말풍선》이다. 결국 작가의 머릿속 이야기다.
 그래도 재미있게, 공감하며 봐 주실 독자들이 꽤 될 거라고 기대한다. 이건 모든 작가들의 허황된 기대이긴 하지만, 일단 작가는 그렇게 생각하기로 했다. 그 희망도 없으면 책을 낼 용기가 안 생길 테니 말이다.

어둡고 비관적으로 세상을 바라보는 내용들이 많지만 그래도 기분 나빠하진 말아 달라.

"세상엔 희망이 가득하다"도 좋고 "세상 참 살만한 곳이야"도 좋지만, 작가의 생각대로 "세상은 참 살기 힘든 전쟁터지만 그래도 살아가야 하지 않겠어? 그게 인생이야"라는 것도 꽤 의욕이 될 거라고 본다.

하나하나 메시지와 의도가 담겨 있다. 대놓고 드러낸 것도 있지만 반대로 쉽사리 발견하기 어려운 것들도 있다. 하지만 작가에게서 떠난 텍스트에 정해진 해석은 없다. 의도한 것과 전혀 다른 해석을 해 주셨던 분들이 많다. 의미는 언제나 독자가 재구성 할 수 있는 것이니까.

이미 상당수는 SNS에 공개했다. 꽤 많은 분들이 호응해 주셨다. 그 분들의 댓글과 해석, 지도가 큰 힘이 되었다.

가장 사랑하는 가족들, 항상 고마운 선후배와 친구들, 여기까지 읽어주신 독자 분들에게 진심으로 감사의 인사를 전한다.

홍 훈표